Couverture inférieure manquante

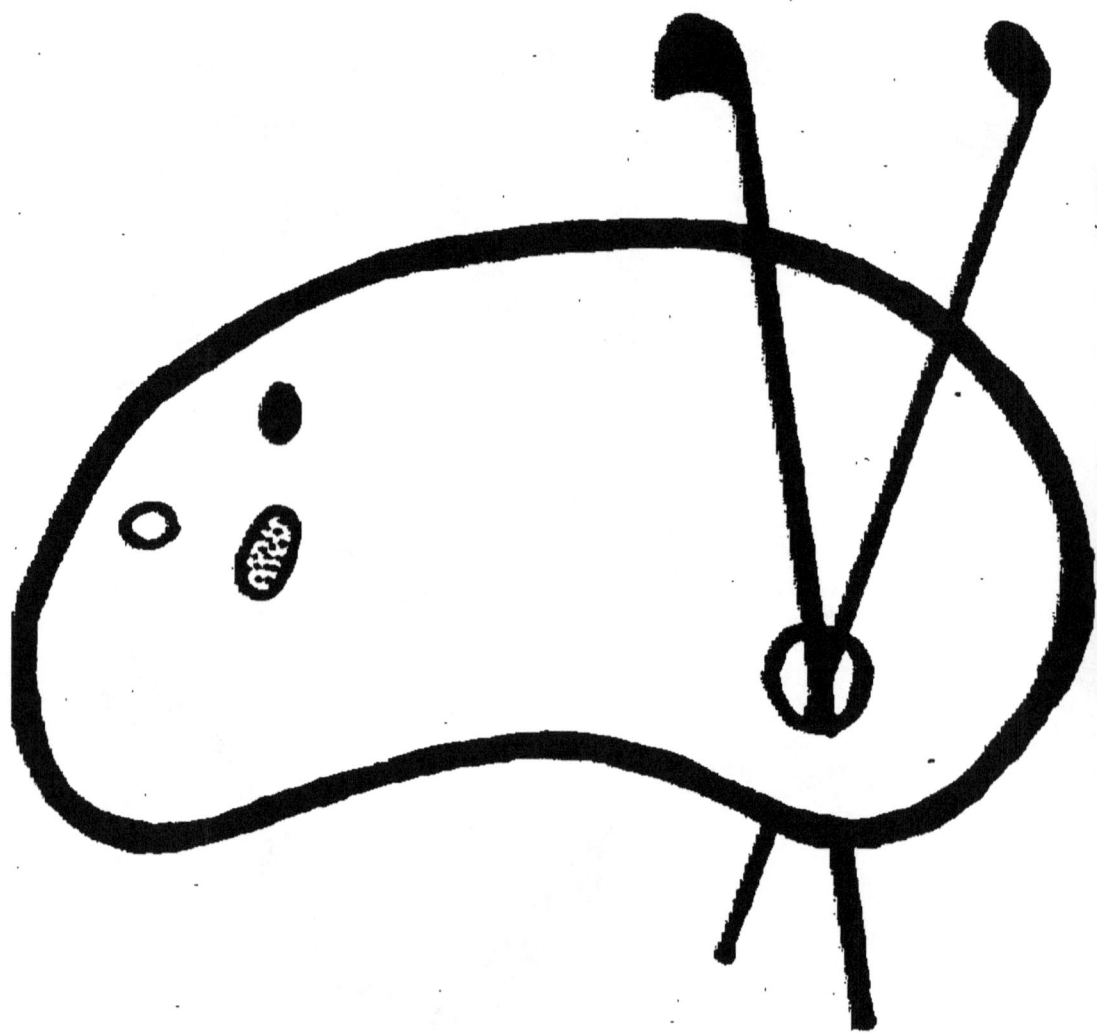

DEBUT D'UNE SERIE DE DOCUMENTS
EN COULEUR

CHRONIQUE DE PROVENCE

ÉTUDES HISTORIQUES

PAR

L'Abbé TISSERAND

AUMÔNIER DU LYCÉE DE NICE

ÉPHÉMÉRIDES CANNOISES

OU

CANNES PENDANT VINGT ANS

(1850-1870)

Par A. MACÉ

2 Francs

Se vend au profit de l'Asile des Vieillards de Cannes

CANNES

IMPRIMERIE H. VIDAL, 7, RUE BIVOUAC.

1872

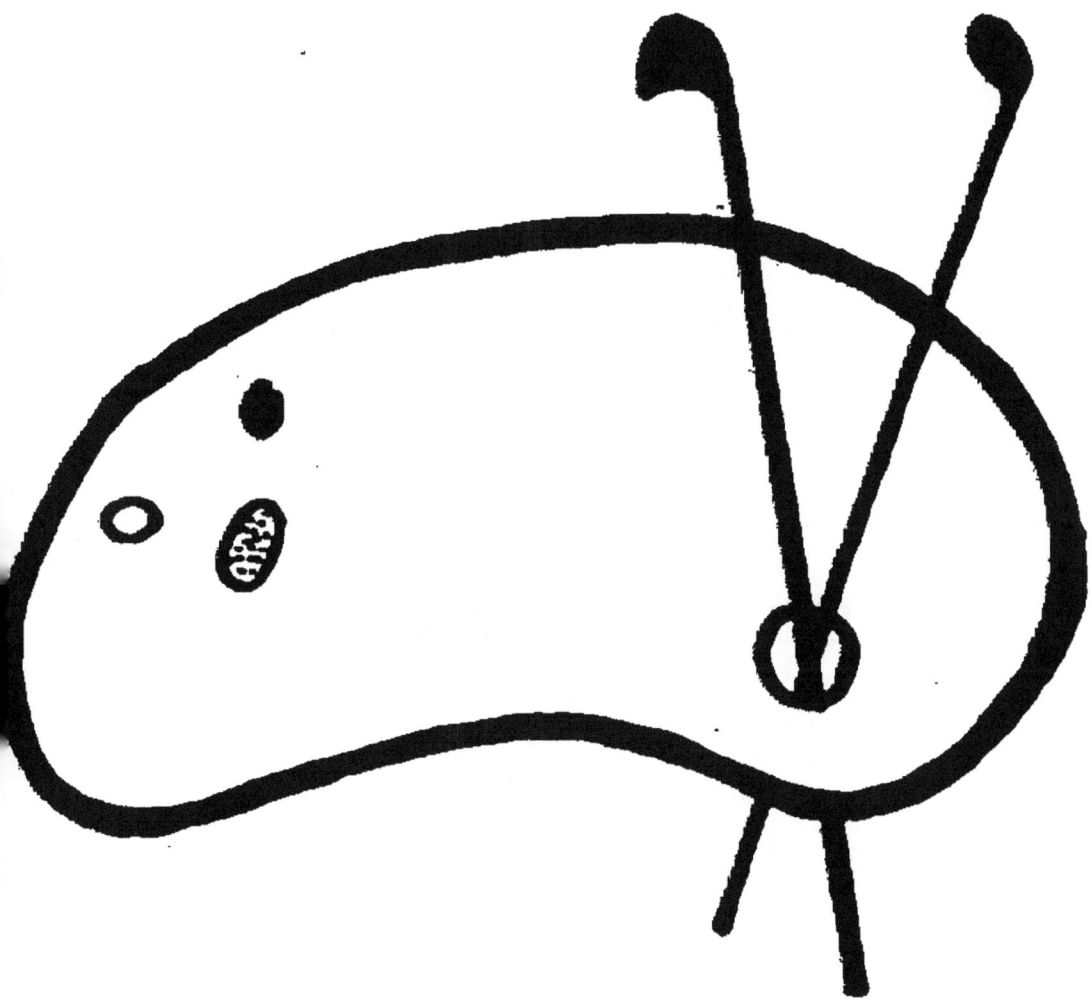

FIN D'UNE SERIE DE DOCUMENTS
EN COULEUR

CHRONIQUE DE PROVENCE

CHRONIQUE DE PROVENCE

ÉTUDES HISTORIQUES

SUR

QUELQUES PERSONNAGES CÉLÈBRES DU MIDI

Sous Charles VIII, Louis XII et François Iᵉʳ

PAR L'ABBÉ E. TISSERAND

Aumônier du Lycée impérial de Nice, Membre de plusieurs Sociétés savantes.

CANNES

IMPRIMERIE ADMINISTRATIVE L. MACCARRY

Rue Bivouac-Napoléon, 7.

—

1869

AVERTISSEMENT

—

LES ÉTUDES HISTORIQUES SUR QUELQUES PERSONNAGES CÉLÉBRES DU MIDI DE LA FRANCE, SOUS CHARLES VIII, LOUIS XII ET FRANÇOIS 1er, ont paru, une première fois, dans les *Mémoires de la Société des Sciences naturelles, des Lettres et des Beaux-Arts, de Cannes et de l'arrondissement de Grasse.*

Elles en ont été extraites, de l'agrément de l'auteur et du consentement de la Société, pour être réunies en un volume et être vendues au profit de l'asile des vieillards pauvres de Cannes, sous la direction des PETITES SŒURS DES PAUVRES.

A. MACÉ.

ÉTUDES HISTORIQUES

**Sur quelques personnages célèbres du Midi, sous Charles VIII,
Louis XII & François Ier**

CHAPITRE Ier

AUGUSTIN DE GRIMALDI

*Évêque de Grasse, abbé de Lérins, Seigneur de la Tour
St-Honorat, Cannes et autres pays, souverain de Monaco,
et ses agents, les comtes de Gallières.*

(1499-1532).

I.

Le chroniqueur Brantôme, en parlant d'André Doria,
s'exprime ainsi : « Il y eut trois tourneurs de casaques en
France, qui luy ont bien porté dommage : feu M. de Bourbon, Jérome Maurin, et le seigneur André Doria. » — Ajou-
tons-y tout aussitôt Augustin de Grimaldi, évêque de Grasse,
abbé de Lérins, seigneur de la Tour Saint-Honorat, seigneur
de Cannes, Arluc, Mougins, la Roquette et Pégomas, et
souverain de Monaco, Menton, Roquebrune en 1523.

Ce prélat fut, sans contredit, un grand et illustre personnage,
habile politique, élevé à l'école de son oncle André, et mis en

méfiance contre la France par Claude sa mère, comme autrefois Annibal contre Rome par son père Amilcar. — L'exiguïté d'un Etat ne fait rien au talent d'un homme; elle le relève plutôt, quand il lutte contre plus fort que lui, sans être désarçonné. — Tel fut Augustin de Grimaldi. — Il joignait une volonté énergique à une finesse d'esprit remarquable. Ni roi, ni pape, ni empereur ne l'auraient jamais fait revenir sur une décision une fois prise.

Hâtons-nous de dire qu'un tel caractère sied à un chef civil, quand il ne dégénère pas en astuce, en obstination, mais qu'il ne saurait convenir à Augustin Grimaldi, évêque avant tout pour l'éternité, ministre du Dieu de paix, de charité, et de sincérité. — J'aime mieux dans le prêtre de Jésus-Christ, si l'on ne peut toujours associer les deux, la simplicité de la colombe que la prudence du serpent.

Au reste les faits parleront mieux qu'une longue dissertation.

II.

ORIGINE DES GRIMALDI.

Les Grimaldi ont une origine toute française. Ils ne se cachent pas de dire qu'ils descendent en ligne directe de Pépin d'Héristal; que Thibaud-Grimoald neveu de Charles-Martel reçut de Pépin-le-Bref en 750 le comté d'Antibes à titre de fief. — Après avoir formé de nombreuses branches à Gênes, à Naples, en France, en Espagne, les Grimaldi de Gênes occupèrent Monaco, où ils se sont maintenus jusqu'à nos jours. — Un des leurs acquit de nouveau Antibes et Cagnes en 1379 de Clément VII, pape d'Avignon. — C'est la branche des marquis de Cagnes, qui existe encore aujourd'hui.

Or en 1457 le souverain de Monaco, Catalan de Grimaldi, n'ayant plus qu'une fille unique, Claude ou Claudine, la maria à Lambert de Grimaldi, second fils de Nicolas, comte d'Antibes et de Césarine Doria de Dolcéaqua. — Des frères du souverain de Monaco, Gaspard son aîné devint comte d'Antibes, Jean-André de Grimaldi, favori de la duchesse Yolande de Savoie fut recommandé au souverain Pontife, en 1451, devint camérier du pape, et remplit des missions importantes jusqu'en Danemarck. — Un bref de Pie IV à la veuve de Louis XI fait de lui le plus grand éloge. En 1483, il reçut ses bulles pour l'évêché de Grasse, et pour l'abbaye de Lérins. Il était en 1487 vicaire-général de la basilique de Saint-Pierre de Rome, et en 1494, gouverneur d'Avignon. Il mourut cardinal-nommé, le premier juillet 1504, sans avoir joui de son titre. — Tel est l'homme qui forma près de lui, Augustin Grimaldi, son neveu. — A dix-neuf ans, il lui fit obtenir ses bulles d'abbé de Lérins, et de coadjuteur au siège de Grasse avec future succession. C'était du népotisme assurément; mais qui n'a pas toujours un faible pour les siens! A part cette tendresse qui n'a rien d'étonnant à cette époque, dans le clergé, André mourut avec la réputation d'un digne et pieux évêque. — Auribeau, Mouans-Sartoux, Vallauris et beaucoup d'autres pays lui doivent leur reconstruction.

III.

AUGUSTIN DE GRIMALDI — MONACO.

Augustin Grimaldi naquit à Monaco en 1479 de Lambert-

Grimaldi et de Claudine de Grimaldi, unique héritière de Monaco, et souveraine de son petit Etat, comme le roi, de la France.

Quand cette dame s'aperçut que le roi de France convoitait Gênes, Naples, Nice; que le duc d'Orléans, plus tard Louis XII, voulait faire valoir ses droits sur le Milanais, elle prémunit ses enfants contre tout abandon de leur seigneurie à quelque prince que ce fut. « Vous ne relevez que de Dieu, disait-elle, et de la haute suzeraineté de l'Empire-Germanique. » — Or, elle avait eu de nombreux enfants avec Lambert qu'elle perdit en 1493. C'était *Jean*, l'aîné, *Lucien*, notre *Augustin*, *Louis*, le commandeur, *Charles*, prévôt, *Francesca* mariée à *Luc Doria*, seigneur de Dolcéaqua, *Césarine* au sieur de Céva, *Isabelle*, à Antoine de Châteauneuf-Randon, *Blanche* à Honoré de Villeneuve-Tourrettes-Vence, *Philibert*, prono-taire-apostolique, prévôt du Chapitre de Nice.

La mère de ces nombreux enfants avait réglé elle-même la succession, et éliminé les femmes, si bien que si Jean venait à mourir, puis Lucien, Augustin régnerait, Jean n'ayant pas d'enfant mâle, ni d'espérance d'en avoir.

Jean administra au nom de sa mère de 1493 à 1506. Il n'eut d'Antoinette de Savoie, fille du duc Philippe de Savoie qu'une fille *Jeanne de Grimaldi*, qui épousa *Renaud de Villeneuve*, baron de Vence. — *Claudine* dut se plaindre sou-vent devant ses autres enfants que *Jean* aimait trop la France. Comment en eût-il été autrement? Charles VIII, l'avait fait son grand chambellan et son lieutenant maritime sur toute la rivière de Gênes. Son mariage avec Antoinette de Savoie le rendait beau-frère de Louise de Savoie, mère du futur roi de France, François I; beau-frère de René de Savoie, comte de Tende, seigneur de Villeneuve-Loubet, et gouverneur de Provence? Monaco, par cette alliance, était une ville toute française, et il n'y avait plus de barrière entre les deux pays. — Nos vaisseaux, nos troupes pouvaient aller et venir à Monaco, en se dirigeant vers Gênes. — Jean de Grimaldi servait la France comme les seigneurs Grimaldi d'Antibes. Réagir contre cet état de choses, telle fut la politique de dame Claude de Grimaldi, et elle souffla son âme dans l'âme de ses autres fils. — En 1505 Jean fut trouvé assassiné dans une salle basse du château. — Il était trop français.

Qui avait été l'auteur du crime, ou l'instigateur? Chacun accusa Lucien, comme un autre Caïn. — Oui, tous les monégasques murmurèrent le nom de Lucien; la rumeur publique dit que Lucien avait dirigé le coup... qu'il avait au moins soudoyé le sicaire... Pas un cri de douleur ni de la mère, ni de l'évêque de Grasse, Augustin de Grimaldi. — On recule, dites-vous, devant l'idée qu'une mère ait trempé dans ce forfait contre nature. — Son silence ne prouverait qu'une chose, qu'ayant perdu un fils si tragiquement, elle craignait d'en compromettre d'autres, et de perdre l'honneur de sa famille. — Je ne veux pas approfondir d'avantage : car à Dieu seul il appartient de juger. On se tait partout. La fille unique de Jean se tait à Vence. — Hélas! on ne l'eut peut-être pas épargnée si elle eut parlé. — Lucien n'aura-t-il pas une fin pareille à celle de son frère? Attendons et poursuivons notre récit.

Lucien règne, et, je vous assure que fidèle aux leçons de sa mère, il suivra une marche diamétralement opposée à celle de son frère. Augustin le secondera activement. — Repousser la France, repousser les Gênois, repousser la Savoie, tel sera le but constant de tous ses efforts. — En attendant, pour faire taire les bruits qui couraient sur son compte, Lucien obtiendra du duc de Savoie des lettres de protection par lesquelles il sera déclaré justifié de toute participation de loin ou de près

dans l'assassinat de Jean de : imaldi, et malheur à qui osera
porter atteinte à Lucien, ou dans ses biens ou dans son honneur. — (13 mars 1506).

Ce crime avait été commis, l'année même, ou Augustin de
Grimaldi avait reçu ses bulles et ses lettres-patentes pour
l'évêché de Grasse et pour l'abbaye de Lérins.

Louis XII, signa de Blois, 10 février 1505, le Pape, 9 août
même année.

L'évêque de Grasse continuant l'œuvre de son oncle, acheva
d'installer les nouveaux habitants de Vallauris, fit pour Valbonne ce qui avait été fait pour Vallauris, releva les châteaux
de la Napoule et de Cannes, embellit sa cathédrale, et le palais épiscopal, fonda de ses deniers les chapellenies de Saint-
Barthélemy et de l'Annonciade, obtint pour Peyménade organisée en paroisse, des grâces du Saint-Siège, régla les droits
de Cannes avec son seigneur, et s'occupa de la réforme de
l'Abbaye de Lérins, — comme nous le verrons bientôt.

En attendant, il va se montrer chef d'armées et prendre
des allures belliqueuses. — Les Génois viennent en 1506
mettre le siège devant Monaco.

IV.

AUGUSTIN AU SIÈGE DE MONACO (1506).

Le parti populaire de Gênes avait mis en fuite toute la noblesse qui s'était réfugiée à Monaco. —Les Génois, au nombre
de quatorze mille hommes, s'avancèrent bientôt vers la petite
cité qu'ils bloquèrent par terre et par mer. — Cette fois, la

France, le comté de Nice prêtèrent leur secours au seigneur de Monaco. — Lucien se retrancha vaillamment derrière ses remparts, et aidé de ses sujets, qui mettaient leur confiance dans leur Patronne, il prit tous ses moyens de défense.

Notre jeune évêque de Grasse, Augustin, plein d'une ardeur de jeune homme, il n'avait encore que 27 ou 28 ans, s'embarqua à Antibes avec ce qu'il put emmener de gens de ses fiefs, et des munitions, et capitaine d'armée, il renforça bientôt les défenseurs de la place. — Barthélemy de Grimaldi, comte de Gattières et citoyen de Nice, avec son beau-père le sieur de Galé... amena les milices de Nice sur les hauteurs de la Turbie d'où ils se mirent à harceler les Gênois: six mois, Lucien et Augustin résistèrent. L'arrivée des trois mille hommes qu'Yves d'Allègre amenait de Draguignan et autres pays de la Provence, et la présence du maréchal de Chaumont décidèrent les assaillants à lever le siège, 15 mars 1507. — Le 29 avril Louis XII entrait dans Gênes.

Lorsque Augustin Grimaldi retourna dans son diocèse, il avait dirions-nous, gagné ses épaulettes, en faisant ses premières armes. — Ce ne sera pas la dernière fois.

Louis XII convoitait Monaco. — Quand en 1508 il négocia la Ligue de Cambrai, il manda près de lui Lucien de Grimaldi. Claude sa mère lui donna ses instructions, et appela auprès d'elle Augustin. — Lucien se rendit auprès du roi à Milan, et malgré toutes les sollicitations du monarque, il tint parole à sa mère. Cependant des commissaires français envoyés à Monaco avec une compagnie de soldats, sous prétexte d'inspecter la place, et de vouloir la mettre à l'abri des ennemis, voulaient s'y introduire. Dame Claude veillait, et elle avait encore appelé Augustin, qui ayant fait voile d'Antibes à Monaco avait prévenu les commissaires français. Quand René de Savoie se présenta aux portes avec les compagnies françaises,

Augustin lui déclara net qu'il ne lui ouvrirait pas. — « Rapport en fut fait au roi Louis XII qui était toujours à Milan. — Il mande Lucien qu'il avait eu soin de garder auprès de lui, et il insiste pour obtenir l'entrée de la garnison. — Lucien n'y consent pas, et Augustin ajoutant aux fortifications de la place se prépare à soutenir un siège. » — N'oublions pas que René de Savoie était l'oncle de Madame de Vence, fille de Jean de Grimaldi. — Laissons raconter M. de Métivier.

« Mais ce n'est pas par la force des armes que Louis entend se faire obéir. Lucien est arrêté et enfermé au Château de la Roquette : il ne sortira qu'au prix d'un consentement aux volontés royales. En outre Louis XII se plaint qu'on a contraint des bâtiments français à payer un droit de 2 pour °/₀ qu'ils ne devaient pas. Lucien offre de soumettre le différend au grand chancelier de France (6 mars 1508). — Au bout de quinze mois de détention, Lucien accorda au roi de tenir garnison dans Monaco, et jura sur les évangiles d'être fidèle à la France. — Il fallut que sa sœur Francesca, dame de Dolcéaqua et Augustin, signassent une obligation de tous leurs biens comme caution de la fidélité de Lucien. — Pierre de Grimaldi-Chateauneuf, procureur de Lucien porta lui-même cette convention au grand chancelier, et Lucien rentra à Monaco, où l'attendaient sa mère et l'évêque de Grasse. (Juin 1510).

Tandis que Lucien était encore à Milan, Claudine de Grimaldi avait fait son testament, 2 mai 1510. — Elle instituait Lucien son légataire universel, à condition qu'il ne prêterait jamais hommage aux ducs de Savoie, pour ne l'avoir pas suffisamment défendue contre les Gênois : que si quelqu'un de ses successeurs dans la seigneurie de Monaco manquait à cette clause de son testament, elle le déclarait déchu de tous ses droits; qu'au cas où Lucien mourait avant que ses fils fussent en âge de régner, elle constituait pour héritier monseigneur

Augustin de Grimaldi, à charge de restituer, après lui, l'hérédité au premier-né de Lucien, et que si Lucien ne laissait pas de fils, l'héritage passerait à Francesca-Grimaldi, dame de Dolcéaqua et à son fils.

Quelque temps après son retour à Monaco, le roi manda Lucien à Paris. Celui-ci partit au mois d'août 1510, laissant le 14 août, chez Jacques Nitardi, notaire de Nice, une protestation préalable de nullité contre tout ce qu'on le forcerait de faire contre son indépendance. C'était au moment des démêlés d'Augustin de Grimaldi avec les Lérinois.

V.

AUGUSTIN ET LES MOINES DE LÉRINS.

L'évêque de Grasse, Augustin de Grimaldi, grâce à son feu oncle, le cardinal André, avait conquis l'affection du cardinal d'Amboise; — et comme celui-ci, légat d'Alexandre VI en France, avait reçu commission du Saint-Siège de réformer les monastères, il s'adjoignit Augustin de Grimaldi, Antoine de Guiramaud, évêque de Digne et l'abbé de Valsaint. — L'Evêque de Grasse, étant abbé de Lérins, commença par son propre monastère; et imposant aux autres un fardeau qui n'était pas pour lui, il trouva quelque résistance; mais bon gré malgré, il arrivera à ses fins. La lutte va s'engager et elle sera chaude.

Ce nom de réforme, qui devait rester au siècle entier, retentissait partout. — Oui, Lérins avait besoin de réforme. — L'Eglise la réclamait pour elle-même, mais dans ses enfants, et non dans sa doctrine. — Certains hommes qui vont toujours aux extrèmes, ont porté si loin la réforme, qu'ils ont déchiré cette robe sans couture de Jésus-Christ, et désuni pour long-temps les frères en Jésus-Christ, qui avaient reçu le même baptême, et le même esprit pour s'aimer.

La routine, dans les ordres religieux, est la ruine de la ferveur; — et quand la ferveur s'éteint, on descend dans les sens et dans le bien-être matériel. — Aussi plus de vie intel-ligente et active à Lérins. — On dirait un suaire étendu sur l'asile de Saint-Honorat. — Il n'est plus question dans les registres que de plaintes des moines sur la vie alimentaire. Ils réclament en 1482 que le pain et le vin sont de mauvaise qualité, et quelque temps après, qu'on ne leur en donne pas assez; que les fermiers s'enrichissent aux dépens des maîtres. — La bulle du Pape dira elle-même qu'en ce temps-là la charité et l'obéissance avaient fait place dans l'Abbaye de Lérins à l'avarice et à l'orgueil; que les moines n'y avaient plus de religieux que l'habit; qu'on ne voyait plus dans ce séjour de la contemplation que moines vagabonds, indisci-plinés, inutiles, et qu'un si beau plant de vertus n'était plus couvert que de ronces et d'épines. — Le cardinal d'Amboise avait son frère Jacques d'Amboise, abbé de Cluny. — Augustin, qui penchait vers l'Italie, avait déjà voulu les an-nexer aux Cassinistes, mais il ne devait pas déplaire au car-dinal. — Il accepta des moines de Cluny pour réformer Lérins. — Grand émoi chez les Lérinois. — Guillaume Salette, le prieur claustral se mit, comme de juste, à la tête de la petite ligue, et il n'y alla pas de main-morte. Il se sentit appuyé par Jacques de Villeneuve-Tourrette-Vence, aussi moine de Lérins, Jacques Achard, Barthélemy Dauphin, Pierre Gari-bon, Urban Masson, Jean du Port, Louis Mâne, Georges Chaix, P. Alban et autres.

Ce religieux de Villeneuve-Tourrrette-Vence qui se trouve

là, et qui avait dans sa famille une sœur du dernier seigneur de Monaco assassiné n'aimait pas sans doute Augustin de Grimaldi, grand partisan de Lucien.

Le prélat-abbé avait pour lui René Lascaris, Jean Arluc, Louis Chambellan, Antoine de Grimaldi, et sept ou huit autres. — Les P. P. Antoine Taxil et Julian étaient opposés à toute réforme et voulaient vivre selon leurs statuts et priviléges. C'est pourquoi il fut convenu dans le chapitre général qu'on adresserait d'abord une plainte en forme au roi Louis XII lui-même contre l'abbé commendataire; et l'on nomma procureurs fondés les P.P. Taxil et Julian qui se rendirent à Cannes le 19 juin 1510, et firent rédiger leur supplique par le notaire de Vence, Antoine de Tombarel.

Dans Antoine Tombarel, je reconnais encore le notaire qui faisait, alors, toutes les affaires des Tourrette-Vence. Le P. Jacques de Villeneuve était donc l'un des meneurs de la cabale des 30 religieux de Lérins, avec la Dame de Tourrette.

Toujours, quelques-uns, et souvent un seul homme entrainent le grand nombre. — Où va la tête, le corps suit, et malheur! quand la tête est mauvaise.

Nos trente Lérinois n'écrivirent, ni plus ni moins qu'une dénonciation en forme contre Augustin de Grimaldi, qui venait le 25 mai 1510 de perdre son ministre protecteur.

Louis XII répondit de son château de Blois, 27 juillet de la même année 1510 :

« Qu'ayant reçu la protestation de *ses bien aymés religieux* de l'abbaye de Saint-Honorat comme quoi ledit monastère qui est situé dans la mer en lieu dangereux faisant l'une des clefs les plus importantes et dangereuses de notre pays et comté de Provence, rétabli par piété de feu et glorieux seigneur Charlemagne, roi de France, notre prédécesseur; et pour ce, comme icelle église et monastère est situé en la mer, en danger d'être envahi des turcs-sarrazins, barbares et infidèles, par lesquels ladite abbaye a déjà été envaye pillée et ruinée, et tous les religieux d'icelle abbaye tués et occis, a été cause que par nos prédecesseurs a été fait construire et édifier en icelle abbaye une grosse tour et défensable, dedans laquelle sont retirés les reliques et joyaux de ladite abbaye et le corps du glorieux saint Honorat; et s'y retirent les religieux et serviteurs de ladite abbaye, et y font leur continuelle demeure de peur des mêmes périls, et est la même abbaye tour et forteresse d'icelle de telle situation qu'il est très requis et nécessaire, que tant l'abbé que les religieux et serviteurs soient de nos sujets et de notre royaume terre et seigneurie en toute obéissance, parce que si aucune surprise de ladite abbaye était par lesdits sarrazins ou *autres ennemis de nous* et de notre royaume pays et comté de Provence pourroit tourner à la perdition de plusieurs de nos sujets de tout le pays d'environ; à cette cause, ont été faits plusieurs libertés, statuts et ordonnances, et octroyés audit monastère, et entre autres que nul bénéfice dépendant d'iceluy ne se confère que par l'élection, l'abbé n'ayant qu'une voix au chapitre; qu'aucun religieux ne doit être admis sans l'élection du chapitre; que tous les biens sont sous la garde du monastère. Or notre *féal et amé* Augustin de Grimaldi, évêque de Grasse qui depuis naguère a obtenu provisions apostoliques de ladite abbaye et a fait serment d'observer les privilèges d'icelle, néanmoins ledit Grimaldi qui n'est pas natif de notre royaume, ni du pays de Provence a obtenu de N. S. Père le Pape aucune bulle de suppression et union à sa mense abbatiale, sa vie durant, de quatre bénéfices de ladite abbaye, et défait les bénéfices qui sont électifs, et ledit Grimaldi s'efforce de mettre pour chaque jour de *tels étrangers* qu'il lui plait dans ladite abbaye, ainsi de son autorité privée sans le prieur claustral, ni lesdits moines, et prend connaissance seul desdits religieux, et par *haine* et *malveillance* fait procéder contre eux par punitions, troublant et empêchant lesdits religieux en leurs statuts et priviléges, *Nous* lui ordonnons et enjoignons de cesser lesdits troubles et ajournons les impétrants devant nos âmes et féaux conseillers en cour du parlement de Provence, voulant qu'aux dites parties ouyes fassent raison et justice. Car ainsi nous plait-il estre faict. »

Donné à Blois le 27me jour de juillet 1510, de notre règne le 13me. — Mais la politique va faire changer les dispositions Royales.

VI.

LES CLUNISTES A LÉRINS ET LES GRIMALDI DE MONACO.

La lettre de Louis XII aux Lérinois est datée du 27 juillet et le départ de Lucien est du 14 août 1510. — Depuis la mort du cardinal d'Amboise, Jules II se dégageait de la ligue de Cambrai pour former la *Sainte-Ligue*. Louis XII avait besoin desormais plus que jamais de compter avec les Grimaldi de Monaco. — Louis XII caresse Lucien, annule l'odieuse convention de 1508, lui donne satisfaction sur tous les points. Sa Majesté paiera les frais réclamés par le maréchal de Chaumont pour le siège de 1506 ; elle se soumet au droit de deux pour cent, elle dégage les cautions fournies par ses parents, et déclare que les seigneurs de Monaco ne relèvent que de Dieu, que s'ils ont vécu sous le protectorat de la France, ce n'est qu'à titre d'alliés et d'amis. — Lettres datées de Blois 20 février 1511. — Le 14 mai 1512, Louis XII promit de réparer tous les dommages que la fidélité de Lucien pourrait désormais causer à sa maison.

En même temps, il se met au mieux avec Augustin de Grimaldi : il lui donne raison contre les Lérinois ; il lui reconnait le droit octroyé par Notre Saint-Père le Pape, de réformer, corriger à Lérins, et comme il en était convenu avec le cardinal d'Amboise, d'introduire dans cette abbaye autant de Clunistes qu'il désirera pour y établir une bonne réforme; enfin il le désigne pour représenter la France au concile de Latran même, et les Etats d'Aix lui confient une mission importante.

Tous ces actes coïncident avec la défection du pape Jules II à la France (1511). — Malgré toutes ces avances du Roi, les Grimaldi avaient bien leur arrière pensée. — M. Alliez dit positivement qu'Augustin prit les Clunistes, pour établir simplement la réforme (tome 2. page 317). L'abbé de Cluny, Jacques d'Amboise, sur sa demande, lui envoya le P. Martin de Témenac, prieur de Morigny pour supérieur, Louis Chambellan et le P. Cornélius de Tobiis. — A leur arrivée, Guillaume Salette porta plainte à la cour, au nom des moines *les plus libertins*, disant que sous prétexte de réforme, le prélat-abbé introduisait dans l'île des inconnus. — Les procureurs du pays, craignant que les Clunistes ne s'installassent définitivement à Lérins, joignirent leur requête à celle des plaignants. Mais, le P. Martin, sans s'arrêter à ces résistances, destitua le P. Salette, et nomma prieur un des moines venus avec lui, en présence de l'abbé commendataire. (1511).

Le chapitre convoqué accepta la réforme, à l'exception du P. Salette et de ses amis. — Certains manuscrits comptent quatre opposants et d'autres seize.

L'ex-prieur, en compagnie de Jacques de Villeneuve, du P. Albac et autres, se retira chez le seigneur de Tourrette-Vence.

où il fonda une succursale de Lérins. Il y était encore en 1532, puisqu'à la mort d'Augustin de Grimaldi, ils élirent comme abbé-commendataire, Balthazar de Jarente, évêque de Vence, premier président de la Cour des Comptes, pour soutenir leurs intérêts au parlement d'Aix.

En 1511 les Clunistes, de leur côté, firent une convention avec Augustin. L'abbé commendataire donnait à chaque religieux six sétiers de blé et dix-huit barils de vin, il fournissait le bois, le vestiaire et la chaussure, et avait à sa charge les gages et la nourriture des gardes de la Tour et des trois pêcheurs au service des îles. — Louis Chambellan succéda au P. Martin, en 1512, quand déjà la mésintelligence éclatait entre l'évêque de Grasse et les Clunistes. On s'apercevait qu'Augustin penchait d'avantage vers les Italiens et qu'il correspondait avec l'abbé de Saint-Barthélemy d'Hast du Mont-Cassin. — Il y eut une longue hésitation de la part des Bénédictins d'Italie ; enfin, par ses instances à Rome, à Aix, à Paris, au Mont-Cassin, il obtint l'envoi de quelques religieux appartenant à la congrégation réformée de Sainte-Justine de Padoue.

Ce que voyant, les Clunistes s'en allèrent en 1513, après deux ans de séjour dans l'île. « Louis Chambellan, est-il dit, voyant qu'Augustin avait plus d'inclination pour les Italiens que pour les Français quitta l'abbaye. » — François I leur rendra le témoignage, qu'ils avaient pourtant réformé l'abbaye : « le prieur de Saint-Martin de Paris commis et subdélégué à la réformation de ladite abbaye a tellement et vertueusement besogné à ladite réformation, qu'il a mis et réadmis les religieux de ladite abbaye en bonne observance et voye de salut, comme chascun peult évidentement cognoistre, et abolli, estaint et supprimé les scandales et abus qui au paradvant pululoient en icelle par l'irrégularité desdits relligieux, le tout à l'honneur et exaltation de nostre saincte Foy et Eglise militante et louange de Nostre Créateur. »

VII.

LES CASSINISTES A LÉRINS. (1516).

Augustin de Grimaldi se trouvait encore à Rome, au concile de Latran, lorsque les Clunistes cédèrent le terrain en 1513. — La mort de Louis XII, en amenant sur le trône un nouveau roi dans François I, allié aux seigneurs de Monaco, rendit le prélat maître de la situation à Lérins. — Lucien se mit au mieux d'abord avec François I. — Il agissait avec d'autant plus d'indépendance, que sa mère venait de rendre l'âme (1514). Le monarque français qui, dans ses rêves d'empereur, ambitionnait Naples, Milan, Gênes, Nice,... et qui, pour aller vaincre à Marignan, avait besoin d'alliés soit à Monaco, soit à Nice, soit à Rome prit à tâche de ne mécontenter personne, à son avènement. Le pape ayant donné les bulles d'union de Lérins au Mont-Cassin, le 29 janvier 1515, François I accorda gracieusement les lettres-patentes d'adhésion le 14 avril, et la cour d'Aix enregistra le 20 septembre.

Tout semblait pour le mieux, alors que la France allait en Italie. — Plus tard nos politiques se repentiront, de cette annexion. Lérins annexé à un monastère Italien, gouverné par des italiens, deviendra un continuel sujet de suspicion. — Deux partis se formeront dans le couvent; enfin, Augustin de Grimaldi lui-même fera bientôt défection à la France.

Pour devenir Italien, le prélat se montra désintéressé, et les P.P. Cassinistes de Lérins l'en louèrent beaucoup.

« Son zèle, dit un Cassiniste, est digne de la plus grande admiration. Négligeant ses propres intérêts, il n'eut en vue que la gloire de Dieu et le salut des âmes. » — Le croyait-il, en parlant ainsi? — Augustin exposa dans un mémoire les motifs qui le déterminaient à se démettre de sa commende et à unir Lérins à cette congrégation. Les religieux, réunis en chapitre, après avoir délibéré sur l'union, avaient consenti. — C'était D. Pierre d'Esquilien, prieur claustral, J. Arluc doyen, Antoine Aubusson, Cabiscol, Antoine de Grimaldi, Jean Treschandi, Jérôme Mauran, H. du Port de Saint-Paul, D. Constantin de Nice, H. Pons de Bargemon, D. Hilaire de Sospel, et D. Taxil, ouvrier, etc.

Augustin Grimaldi se réservait les honneurs et juridiction à Cannes, Mougins, Arluc, la Roquette-Siagne et Pégomas, la garde de la *Tour* avec l'un des jardins de l'île à son choix, — *priviléges qui devaient cesser avec lui.* — Il donna le reste à l'abbaye, et en particulier aux Cassinistes, la Napoule, Valbonne et Saint-Michel de Vintimille. — *Vallauris* était à l'économe, Raynier de Lascaris dont le nom ne parait dans aucun de ces actes. — On lui reprocha plus tard d'avoir laissé faire, tandis qu'il pouvait mettre opposition.

Le 2 mars 1516 ([1]) l'évêque de Grasse, envoya de Rome à Louis Belaud, son grand-vicaire, procuration pour mettre en possession de Lérins l'abbé nommé par les religieux de Sainte-Justine. — Le 2 juillet, D. Jérôme de Montferrat appelé à cette dignité, arriva dans l'île avec dix de ses frères ; c'étaient D. Théophile de Camérina, prieur, D. Grégoire Cortési, savant et pieux Bénédictin, qui sera plus tard cardinal, D. J. B. de San-Rémo, Sac, D. Bessarion de Ventenovo, parent du célèbre évêque de Nicée, cellérier, D. J. François de Sospel, D.

Benoit de Mantoue, D. Lucien de Lodi, inf. le savant Denis Faucher, arlésien de Vallebresque, D. Gaspard du Pont d'Escarnéfixe, le savant Isidore de Crémone.

Se succédèrent comme abbés Cassinistes, prélats crossés, mitrés, D. Léonard d'Oneille (1519 1520), Simon de Gênes (1520 1522), Jean Marie de Monferrat (1522 1523), Jérôme de Montrouge (1523 1524), Grégoire Cortési de Modène (1524 1527), Jérôme de Montrouge, pour la deuxième fois (1527 1530), Jean d'Aversa 1530 1532), J. B. de Tortose (1532 1534).

Sous l'administration de Jean Marie de Montferrat, le 12 août 1522, fête de saint Porcaire et de ses compagnons, martyrs Lérinois, quatorze galères venant d'Espagne abordèrent à Lérins, et le pape Adrien VI, se rendant à Rome pour prendre possession, descendit dans l'île des saints. Là se trouvèrent à sa rencontre Augustin de Grimaldi, le père-abbé, les religieux, et beaucoup de fidèles accourus du continent. Le Pape fut si touché de la respectueuse hospitalité qu'on lui fit, qu'il accorda à perpétuité une indulgence plénière pour la fête de saint Porcaire à tous les moines présents et futurs ([1]).

L'évêque Augustin avait dit adieu à Lérins. — La politique l'enlève à ses devoirs sacrés d'Evêque de Grasse.

(1) M. Alliez. — Pages 325 — 326. T. II.

VII.

DÉFECTION D'AUGUSTIN DE GRIMALDI.

Jean de Grimaldi avait péri de la main d'un sicaire en 1505. Lucien meurt assassiné par son propre neveu sur la fin de l'année 1523. — Barthélemy Doria, sous le prétexte de demander à Lucien ce qui lui revenait de sa mère Francesca-Grimaldi, avait eu une altercation dans la salle-basse du château, et, en se défendant, dit-il, avait assassiné son oncle. — Les documents sont précis. — Il y avait eu préméditation de la part de Barthélemy ; c'est évident. André Doria, amiral de François I, n'avait pas été étranger à ce forfait, et on pourrait même y voir plus qu'un crime de famille. Nous n'avons pas ici à examiner cette question. Madame de Vence, fille unique de Jean de Grimaldi et Madame de Tourrette-Vence n'auraient-elles pas connu toute l'affreuse vérité de ces drames mystérieux, et le complot du fils de leur autre sœur Francesca de Grimaldi, dame de Dolcéaqua ?

A la première nouvelle de l'assassinat de Lucien, Augustin partit de Grasse, s'embarqua à Antibes avec des serviteurs dévoués, et évitant les galères de Doria, qui croisaient dans ces parages, il aborda heureusement à Monaco. — A lui revenait la succession. D'ailleurs, les deux enfants nés à Lucien d'Anne de Pontevès, François et Honoré étaient en bas-âge. Les monégasques accueillirent l'évêque-seigneur, comme un libérateur ; et lui, suivant le testament de sa mère, se fit reconnaître pour souverain du pays. Décidé à repousser les Français et les Doria à Monaco, il rompit de cœur et d'âme avec André Doria, et prouva par ses actes, que le ministre de l'Évangile se séparait de la doctrine du pardon et de la charité. A peine le pape Clément VII compatissant à sa douleur fraternelle lui eut-il accordé la permission de gouverner Monaco, que notre prélat , avec l'ardeur d'une âme toute méridionale , dit M. Métivier, se porta tout entier à la vengeance de la mort de son frère. On le vit courir en armes sur les hauteurs de la Turbie. — Barthélemy Doria avait été reçu sur la terre de France, puis sur celle du duc de Savoie. — Augustin mit ses hommes en campagne, fit des perquisitions de tous côtés, demanda justice au duc de Savoie, à François I , à Charles-Quint, qui tous lui promirent de lui livrer l'assassin. — Mais Charles-Quint se montra , le plus empressé et pour cause. — Augustin s'adressant à la diète de Spire, disait déjà que s'il avait un protecteur, c'était dans son suzerain naturel, l'empereur d'Allemagne, de qui ressortissait seulement la cité de Monaco. Charles-Quint ordonna par lettres datées de Tordésillas , 3 novembre 1523, de rechercher le meurtrier dans toute l'étendue de son empire. François I n'écrivit que le 28 février 1524. — Barthélemy de son côté dans un mémoire justificatif prétendit n'avoir agi qu'à son corps défendant. Il dit qu'ayant déclaré à son oncle que la seigneurie revenait de droit à Madame de Vence, Lucien s'emporta et voulut le tuer, et qu'alors il riposta.

Il paraît que Madame de Vence, craignant probablement le poison , écrivit à Augustin Grimaldi de ne pas croire un seul mot de l'assassin en le conjurant de poursuivre les meurtriers de son oncle. On fit courir le bruit qu'André Doria avait voulu ajouter Monaco aux États de Gênes, et qu'il en avait promis le gouvernement à Barthélemy Doria. — André Bonnivet, qui commandait en Italie avait, dit-on, très bien accueilli le criminel.

Il fallait à Augustin des amis , et pour ceux qui ont insinué qu'il les trouva dans la Provence, je dirai que ni Grasse, ni

Antibes, pas plus les Villeneuve que les Grimaldi de la rive droite du Var ne pactisèrent avec lui. Les abbés de Lérins ne manquèrent pas à leur serment envers François I. — Les Grimaldi d'Antibes et de Cagnes restèrent fidèles. — Cherchons ailleurs les plus chauds partisans du sieur de Monaco. — En compulsant les archives de Vence, j'ai trouvé l'un d'eux, et l'autre que nous allons nommer était frère du premier.

VIII.

AUGUSTIN DE GRIMALDI ET LES GRIMALDI DE GATTIÈRES
BARTHÉLEMY ET LÉONARD DE GRIMALDI

Les Grimaldi de Gattières n'aimaient pas la France, et pour cause. Augustin va les faire servir à ses intérêts, et à ceux de sa seigneurie.

Gattières est un petit pays de la rive droite du Var qu'un évêque de Vence vendit avec l'Olive du Broc, Bouyon, et autres terres au comté de Nice, au moment du grand schisme. — Le comte de Savoie le donna à Barthélemy I de Grimaldi, qui en 1422 porte le titre de comte de Gattières après Napoléon Grimaldi d'Antibes. Mais les successeurs de l'évêque qui avait ainsi aliéné ce domaine du clergé protestèrent continuellement, pour ne pas laisser prescrire. La France revendiqua aussi, sans cesse, ce pays de la rive droite.. et jugez si les Grimaldi de Gattières pouvaient aimer la France. — Ils ne jouirent jamais pacifiquement de Gattières. — Ces Grimaldi descendaient d'Obert fils d'autre Obert Grimaldi, seigneur de Monaco, et de Catherine Spinola, et ils avaient formé à Nice la branche des Châteauneuf-les-Nice, dont les Grimaldi de

Gattières formaient un rameau. — Tous vivaient à Nice en bonne intelligence avec les Grimaldi de Monaco. Pierre de Grimaldi-Châteauneuf en 1509, avait été le procureur fondé de pouvoirs de *Lucien*, quand celui-ci porta à Paris le traité du seigneur de Monaco avec Louis XII. — En 1507 Barthélemy de Grimaldi son fils, seigneur de Gattières, commandait les milices de Nice qui étaient au secours de Monaco. — Il avait épousé Françoise Gallean ; et de ses deux fils Barthélemy III et Léonard, l'un suivra l'armée de Bourbon, et l'autre ira à Monaco négocier pour Augustin de Grimaldi le traité de Burgos. — Tous deux étaient habiles marins, et frétaient des tartanes à leur compte. — Leur antipathie pour la France nous est maintenant connue. — Venons aux faits. — La guerre de la rivalité entre Charles-Quint et François I vient d'éclater. Bourbon a trahi, nos affaires vont mal en Italie ; Barthélemy seigneur de Gattières, qui rêvait déjà un Etat en Provence, suivra l'armée de Bourbon, et prendra au mois d'août 1524, à Villeneuve-Loubet et à Grasse dans ses ordres du jour, le titre de gouverneur de Grasse, Saint-Paul-les-Vence, Guillaume et Draguignan, au nom de S. A. de Bourbon, lieutenant-général des armées de sa majesté l'Empereur en Provence. (Archives de la commune de Vence).

On sait que le connétable de Bourbon avait stipulé dans son traité avec Charles-Quint, que le royaume d'Arles et de Provence serait reconstitué en sa faveur sous la suzeraineté de l'empereur. Il lui fallait maintenant le conquérir.

L'armée se mit en marche vers le Var, partie par la rivière de Gênes, partie par le col de Tende. Charles-Quint avait besoin d'un port sûr pour réunir sa flotte et exécuter l'embarquement. — Le comte de Nice devait garder la neutralité, car François I, par convention signée à Lyon 1523, s'était assuré de la neutralité de Charles-le-Bon, son oncle.

Charles-Quint n'ignorait pas combien Augustin était blessé de la protection tacite accordée à Barthélemy Doria; André Doria croisait sur les côtes avec son grand navire au service de la flotte française de La Fayette. C'est alors qu'un envoyé impérial fut chargé de proposer au seigneur de Monaco de reconnaître, comme ses ancêtres, la suzeraineté de l'empereur, et de se mettre sous le protectorat de l'empereur, lui faisant espérer, outre de grands avantages, une heureuse issue à ses désirs de vengeance. — Augustin hésitait. — Le sire de Lautrec qui se préparait à rentrer en Italie, manda de la part du roi à La Fayette, d'agir auprès du seigneur de Monaco pour qu'il restât fidèle à la France. — Le prélat équivoqua. — Pressé de répondre catégoriquement, il dit que la neutralité était le seul parti qui convenait au souverain de Monaco et qu'il recevrait dans son port tous ceux qui en auraient besoin...

L'armée impériale arrivait... Augustin charge Léonard Grimaldi de Gattières, qu'il avait à sa disposition et qui était un habile marin, de se rendre en toute hâte en Espagne, et l'empereur ordonna le 29 mai 1524 à son grand chancelier d'entrer en négociation, avec Léonard de Gattières.

Le duc de Bourbon arriva bientôt à Monaco, et le 24 juin l'escadre de Moncade entra dans le port. — Que pensez-vous de Bourbon donnant la main à Augustin de Grimaldi ?

L'armée du traître se prépara à passer le Var. — Après l'engagement naval de la Pointe de Caras, où trois bâtiments espagnols furent coulés, André Doria alla bombarder Menton. — Il savait qu'Augustin Grimaldi s'y trouvait. — Un boulet éclata près du seigneur-évêque et faillit lui ôter la vie. L'amiral Gênois revint, emmenant avec lui deux caraques monégasques. — Cependant, le juge de Monaco, envoyé dans les fiefs de l'évêché de Grasse et de l'abbaye, sous prétexte de prélever les redevances seigneuriales, cherchait des partisans pour son maître. Arrêté, il fut envoyé à Aix et condamné aux galères perpétuelles.

La flotte française avait reçu l'ordre de quitter nos parages pour aller défendre Marseille, c'est alors que Moncade occupa les iles de Lérins. — Les espagnols y maltraitèrent les religieux et pillèrent tous les effets des réfugiés.

Plus de deux mille habitants de la rive droite du Var s'étaient réfugiés à Monaco, et près de quatre mille à Lérins.— La Tour appartenait à Augustin de Grimaldi. Les Cannois, et autres y enfouirent leurs effets les plus précieux et campèrent en dehors. — Augustin dit lui-même qu'il avait « bouté dans la tour Saint-Honorat, un châtelain provençal, lui commettant la tour pour le roi, et au nom du roi, et qu'il avait essayé tant qu'il avait pu de garder le peuple d'iceluy pays d'inconvéniant, car à sa requeste le capitaine de l'empereur a preservé quatre mille âmes qui estoient dans l'abbaye, outre deux mille qui se sauvèrent dans Monaco.» (M. Métivier, premier vol. page 231).

Comment se fait-il que malgré le dire d'Augustin, et sa haute protection, les documents contemporains témoignent des mauvais traitements qu'eurent à subir les femmes et les enfants réfugiés à la tour Saint-Honorat qui lui appartenait ? — Augustin nous apprend encore dans son manifeste qu'après la cannonade de Menton, et, sans doute après l'arrestation de son juge, il dépêcha au roi de France un gentilhomme pour lui « demander justice à cause d'une si grande, si énorme outrage et en cas de refus, il luy donne charge de quitter au roy, à son nom, tous les feudes qu'il tenait de lui en Provence, car dès-lors en avant, il ne voulait plus luy estre tenu en aucune chose ; ce que fut faict selon que depuis a esté adverti ; et par ainsi ledit sieur de Mourgues n'a faict chose qu'il ne fist de nouveau, estimant le tout avoir fait selon Dieu et conscience, et à la préservation de Dieu et de son estat. »

C'est en vain qu'Augustin essaie de se justifier par quinze raisons. — Sa haine contre les Doria perce dans tout son manifeste. Il est aveuglé par la passion, et poussé par la vengeance qu'il veut exercer contre le fraticide, il ne raisonne plus.

En attendant, malgré les proclamations de Barthélemy Grimaldi de Gattières, qui avait un appétit extraordinaire de gouvernement, malgré les allures belliqueuses du traître de Bourbon, le châtiment de la providence attendait les impériaux devant Marseille; et tout, en septembre, repassait le Var: la flotte espagnole s'abritait à Monaco, Augustin apprenait la défaite de son nouveau parti.

Il est malheureux que malgré les conseils de ses meilleurs généraux François I ait accepté la bataille de Pavie. — Charles-Quint, victorieux, le jour même de sa naissance ne se possédait plus de joie. — Il ne put s'empêcher d'en écrire à Augustin de Grimaldi, lui rendant grâce de tout ce qu'il avait fait pour lui. Il chargea le traître de Bourbon de le remercier en son nom. « Vous aurez part aussi au profit de la victoire, comme plus au long vous le dira mon dit frère de Bourbon. — Et continuez à faire service à celui de notre frère de Bourbon, comme vous voudriez faire à notre propre personne. Et à tout révérend père en Dieu, cher et féal conseiller, Notre-Seigneur vous ait en sa garde.

Fait en notre ville de Madrid, 26 mars 1525. »

Ces deux noms Augustin et Bourbon, accolés ensemble révoltent un cœur français. — C'est joli: *notre frère de Bourbon !*

IX.

LA VENGEANCE D'AUGUSTIN DE GRIMALDI
13 JUILLET 1523.

Augustin de Grimaldi apprend que Barthélemy Doria, à la faveur des préoccupations générales, s'est enfermé dans son château de Penna, non loin de Vintimille. L'ardent prélat réunit six cents hommes, dit M. Métivier, et investit si rapidement et si vivement la petite forteresse, que Doria se rendit à discrétion, et fut conduit aussitôt à Monaco. Ses châteaux de la Penna et d'Apricale furent démantelés, son procès s'instruisit tout aussitôt.

Le pape Clément VII écrivit le 27 avril à Augustin pour l'exhorter à pardonner. Le cardinal Sadolet joignit sa prière à celle du souverain pontif.

« Vénérable frère, lui dit le Pape, salut et bénédiction apostolique.—Le Pape, comme vicaire de Jésus-Christ, doit donner l'exemple de la miséricorde, et vous-même, comme évêque et comme prêtre vous y êtes également obligé. Barthélemy est votre neveu, il s'est rendu à discrétion. — Pardonnez... »

Ce fut inutile... Le Pape lui-même n'eut pas de prise sur ce caractère inflexible. — Le 13 juillet, Barthélemy subit la peine de mort.

Que le seigneur-évêque soit appelé par Bouche *un des plus grands hommes en doctrine et en piété qui fussent en son siècle,* je puis entendre cet éloge de la bouche d'un partisan de Charles-Quint, mais Français, je ne l'accepte pas d'un Français; *chrétien,* je dis qu'Augustin ne le mérite pas. —

Il sera comblé d'honneurs et de titres par son nouveau maître, il aura tous les biens de Barthélemy Doria, sera évêque de Mayorque, puis d'Oristano en Sardaigne, il participera à toutes les notifications de Charles-Quint, soit pour la naissance des princes impériaux, soit pour les victoires du colosse Autriche-Espagne. — En France il sera traître et félon, et tous ses biens en France seront séquestrés. — En vain François Ier par les traités arrachés à ses défaites, lui rendra ses honneurs et ses possessions, la France ne ratifiera jamais; on n'effectuera jamais les articles stipulés en faveur d'Augustin. — Le prélat-prince de Monaco aura beau s'étourdir dans les splendeurs de son palais, et dans les fêtes qu'il donnera à Charles-Quint (juillet 1529); André Doria qui se trouvera parmi les grands de la cour impériale, embarrassera singulièrement l'exécuteur de Barthélemy Doria. Il verra l'épée de Damoclès.

Malgré l'appui de Charles-Quint, et les honneurs dont il jouissait, tout n'alla pas non plus au gré de ses désirs. — Il eut beau recevoir de l'Empereur, en dédommagement du traité de Cambrai qui n'aboutit pas à son endroit, 1529, les comtés de Canova, Monte-Verde, Trelezzo, Garignone, Ripa-Candide, et une pension de 75,000 fr., à ses côtés deux terribles adversaires qui le troublèrent sans cesse veillaient, Doria et la France.

Par lettres de Charles-Quint le 5 juillet 1531 au commandant Yeard, ordre fut donné pour éviter toute rixe entre les galères monégasques et celles de Doria, de prendre sous son commandement spécial les galères d'Augustin-Grimaldi, et de les faire respecter en toute circonstance, comme les siennes propres.

Augustin, pour défendre ses États voulut acquérir Sainte-Agnès dont la position naturellement fortifiée est comme le sommet d'un vaste triangle dont la base s'étend de Menton à

Monaco. — Il l'obtint de Charles de Savoie au prix de quatre mille écus d'or (13 décembre 1529). — Mais les Sospellitains dont dépendait ce château, unis aux habitants de Sainte-Agnès, repoussèrent la domination du seigneur de Monaco. Force fut d'annuler le contrat. — Augustin, sans avoir remis le pied à Grasse et à Lérins, mourut subitement dans son palais 14 avril 1532, — empoisonné, dit-on.

Il venait d'être désigné pour le chapeau de cardinal.

Honoré, son neveu, âgé de quinze ans, et le fils de Lucien régna sous le protectorat de l'Espagne, et sous la tutelle de Blanche de Grimaldi, dame de Tourrettes-Vence, sa sœur.

L'évêché de Grasse fut donné à René de Bellay, frère du savant Guillaume, et de Jean, futur cardinal. La commende de Lérins dont le cardinal de Bourbon percevait les fruits fut cédée à Jean de Bellay. — François Ier, mis en méfiance contre tout ce qui avait touché à Augustin Grimaldi, plaçait à Lérins et à Grasse des personnages, aussi méritants par leur talent que par leur piété. L'état de suspicion où l'on tint depuis en France les cassinistes de Lérins date du traité de Burgos.

CHAPITRE DEUXIÈME

—

RAPHAEL DE CORMIS

COLONEL DES LÉGIONNAIRES DE PROVENCE

et

PIERRE, SON FILS.

—

INVASIONS DE 1524 ET DE 1536

I

La rive droite n'a pas trahi en 1524.

La rive droite du Var, comme ont semblé l'insinuer certains auteurs, n'a pas fait défection, ou plutôt n'a pas trahi à l'exemple d'Augustin, évêque de Grasse, abbé de Lérins, seigneur de la tour Saint-Honorat, Cannes... et souverain de Monaco. On le prouve, les documents à la main.... Un nom qu'on n'a pas assez exalté dans les deux invasions de 1524 et 1536, c'est celui qui groupa précisément autour de lui, en 1524, tous les seigneurs et les vaillants défenseurs de la rive droite du Var, et qui a fait plus de mal aux troupes de Bourbon, par ses attaques de guerillas que par plusieurs batailles rangées. Je veux dire Raphaël de Cormis.

II

Les de Cormis.

Les de Cormis tirent leur nom d'un petit pays des environs de Vence, qui se trouve situé dans le canton de Coursegoules, sur la rive gauche du Loup. Cette famille, originaire du Milanais, eut pour chef Pierre Ruffi, qui rendit de grands services en 1229, à l'empereur Frédéric II, et fut nommé comte de l'empire. Il épousa Constance de Rossi, fille de Bernard, gouverneur de Parme, dont il eut Raymond qui s'attacha à Charles d'Anjou, et eut d'Isnarde des Baux, Rostang et Icard. Raymond se distingua avec ses fils dans la croisade de Saint-Louis et de Charles d'Anjou, et pour avoir défendu, nouveau Coclès, un pont contre des Sarrasins, il reçut pour armoiries deux lions dressés tenant un cœur d'or.

Un de ses descendants, André l'aîné eut en fief *Courmes* par son mariage avec Catherine d'Agoût. Son fils *Antoine* de Cormis se distingua à Sarno en 1459; et laissa pour héritier *Etienne*, non moins brave chevalier, qui rendit de grands services à Jean de Calabre, dans ses guerres de Naples, et qui, ayant fait ses premières armes à *Sarno* auprès de son père, passa ses traditions à *Raphaël* son fils aîné. A 18 ans, Raphaël combattra près de son père sous Jean de Calabre. Louis XI et Charles VIII eurent en grande estime les de Cormis.

Raphaël, comme nous le savons d'après son testament, commença à guerroyer en 1470, assista à dix batailles rangées, à cent petits combats, à cinquante sièges ; se distingua au *Taro,* accompagna Trivulce dans ses expéditions du *Milanais,* et de *Gênes,* reparut dans la seconde guerre du *Milanais,* combattit à *Novare* sous la Tremouille, et eut part à la victoire gagnée sur *Ludovic le Maure.* Il se trouva à *Agnadel* contre les Vénitiens. Ayant pris ensuite cent Argoulets, il suivit la Palice en *Picardie,* se distingua à la célèbre *journée des Epérons,* puis à *Marignan,* dans l'infanterie de Pierre de Navarre, à la prise de *Milan* et de *Brescia* par Lautrec et au siège de Vérone. Il alla avec le capitaine Gondrin en Danemark, enseigne déployée et à la tête de 1500 hommes pour combattre les Suédois. Nous le voyons revenir d'Italie, à l'époque de l'évacuation de 1523. Quand la Provence est menacée en 1524, il est gouverneur-capitaine de Saint-Paul et de toute la frontière du Var. Son fils *Pierre* de Cormis est nommé en même temps gouverneur de la viguerie de Digne.

Raphaël avait épousé à Vence, 1488 (20 novembre) , Asturge de Reillanne.

Qu'on ne s'imagine pas que les de Cormis n'étaient que des hommes d'épée : ce serait méconnaître les traditions des Lascaris, avec lesquels ils étaient alliés. Lorsque Pierre de Cormis, passa à Pise sa thèse de docteur, en 1519, le savant Philippe Dèce, le présentant aux examinateurs leur dit : «*Hic est filius meus in quo mihi bene complacui, ipsum audite.* Celui-ci est mon fils bien aimé en qui j'ai mis toutes mes complaisances, écoutez-le. »

Lieutenant de mille hommes sous les ordres de son père, il portait son drapeau à la *prise de Bologne* ; il se signala à la *bataille de Ravenne,* à la défaite des suisses à *Novare.*

René de Savoie le fit, en 1519, viguier et capitaine de Castellane, Colmar, Anot et Guillaume, où il resta jusqu'en 1522. Claude de Tende voulut être parrain de son fils aîné, le célèbre avocat et jurisconsulte du Parlement d'Aix, Claude de Cormis; et il lui donna deux bagues d'or, garnies de pierres précieuses, et une épée d'honneur dont la garde était en diamants.

Je m'attache avec une certaine complaisance à relever le mérite trop oublié de Raphaël et de Pierre de Cormis : mais, comme nous le verrons encore dans la suite, ces noms, à notre avis, ont bien mérité de la France entière en 1524 et en 1536.

Nous ajoutons aussi, à la louange de ces nobles personnages, c'est qu'ils relevaient leur mâle courage par un vif attachement à la religion. Les de Cormis avaient de nombreux parents dans le clergé. Jacques de Cormis, et son neveu Louis se succédèrent au chapitre de Vence, et y sont renommés en piété. Les testaments de Raphaël, de sa femme et de Pierre dont nous avons trouvé l'autographe dans les protocoles du notaire de Vence, sont des pages d'une grande piété.

III

L'armée de Bourbon à la rivière de Gênes.

Depuis la défaite de la Bicoque, en 1522, nos affaires n'avaient fait que décliner. L'Empereur triomphait sur terre et sur mer. Sa flotte, commandée par le grand prieur de Capoue, Hugues de Moncade, avait jeté une garnison dans l'île

Saint-Honorat et l'on soupçonnait fort l'évêque de Grasse, dont nous avons parlé déjà, d'être de connivence avec les Espagnols. Trente mille hommes au service du traître de Bourbon se rassemblaient en Italie, et sur la rivière de Gênes pour marcher sur la Provence.

François Ier, qui ne savait sur quel point allait fondre l'orage, avait en hâte d'obtenir la neutralité de Charles-le-Bon, duc de Savoie, par la convention de Lyon (10 septembre 1523).

Rappelons encore que Charles-le-Bon était frère de René de Tende, et de Louise de Savoie, mère du roi de France, et qu'il était l'oncle de François Ier et de Claude de Tende gouverneur de Provence.

Malgré cette neutralité tous les parents du seigneur de Gattières, et les comtes de Gattières, citoyens de Nice, combattront pour Charles-Quint et pour Bourbon. Charles et Augustin de Grimaldi-Châteauneuf, fils de Pierre, servaient dans la marine impériale, tandis que Léonard et Barthélemy de Grimaldi, fils d'autre Barthélemy, frère de Pierre, faisaient les affaires du seigneur de Monaco.

Un certain Ansaldo de Grimaldi, gênois, parent du seigneur de Monaco fut chargé des premières avances auprès du prélat, pour qu'il se mit sous la protection de l'Empereur. Il accepta le 29 mai 1524, et le traité de Burgos fut signé le 7 juin. Bourbon, revenu d'Allemagne à la tête de 6,000 lansquenets avait laissé ses hommes à Ferdinand d'Avalos, marquis de Pescaire, et s'était rendu en toute hâte à Gênes donner l'ordre à Moncade d'aller avec 18 galères prendre les troupes et l'artillerie à Monaco. Pescaire arrivait par le col de Tende, tandis que Bourbon suivait la rivière de Gênes.

Cependant les garnisons françaises que nous avions encore à la rivière de Gênes, battaient en retraite. C'étaient entre autres les bandes des capitaines Jonas et Saint-Vallier qui formaient l'arrière-garde. De Vintimille, elles étaient venues à marche forcée s'abattre sur Nice, dont elles saccagèrent les faubourgs et la campagne.

Les gens de guerre d'alors étaient loin d'avoir cette discipline que nous admirons aujourd'hui. Les compagnies se composaient d'individus qui pour la plupart faisant leur métier de la guerre, vivaient de butin et de pillage, comme de leur droit. Rien de sacré pour eux. Les chefs ne valaient souvent pas mieux que leurs subordonnés, et le capitaine Jonas passait pour l'un des plus terribles. C'était un homme de corde et de sac ; il n'avait pris de l'autorité que par ses violences, ses meurtres et ses larcins. Nous verrons comment il finira en 1535. Il se présente donc devant Nice le 22 juin 1524. Le gouverneur, François de Belletruche, avait eu la précaution de se renfermer dans la citadelle ; mais les consuls, plus confiants, avait laissé les portes ouvertes. Ces bandes indisciplinées qu'escortaient la faim, la misère, tous les vices envahirent la cité, et y commirent mille horreurs. Les ténèbres de la nuit, les cris des habitants, le bruit du tocsin, les luttes entre les citoyens et les pillards restent dans les souvenirs de la municipalité comme un des événements de plus sinistre mémoire.

Le lendemain, en apprenant que l'avant-garde ennemie occupait Monaco, Jonas et Saint-Vallier s'en allèrent à Saint-Laurent-du-Var.

IV

Les défenseurs de la frontière.

Bourbon se trouvait donc à Monaco, entre les bras d'Augustin de Grimaldi, et Pescaire s'avançait par le col de Tende.

Grand émoi sur la rive droite du Var. Chaque pays prend ses mesures de défense. Claude de Tende établit son quartier-général à Grasse. On ne doute plus que l'évêque de Grasse a fait défection. Voyons si les seigneurs pactisent avec lui. La famille de Grasse du Bar est représentée par Henri de Grasse, sieur du Mas, lieutenant du gouverneur de Provence, qui garde Antibes. Le baron de Vence malade, appelle près de lui son héritier, Antoine de Villeneuve-Gréolières, et nous le trouvons au mois de mai, avec Antoine Garbier, capitaine de Vence, faisant jurer aux Vençois de défendre jusqu'à la mort la frontière menacée (1). Il appelle des miliciens de Course-goules, et des fiefs du seigneur de Vence. Autre Antoine de Villeneuve-Tourrettes le rejoint à St-Paul avec sa compagnie, et ensemble ils vont à Villeneuve-Loubet. Pierre de Lascaris, seigneur de Châteauneuf-d'Opio, parent du comte de Tende, y demeurait spécialement chargé de pourvoir aux affaires de la guerre. C'est lui qui donne l'ordre aux communes d'équiper sans retard deux hommes par feu, à cause du danger présent de la patrie. Le 10 juin 1524, il faut que toute personne apte à porter les armes se trouve prête. On dépêche de Vence des courriers à Antibes et à Saint-Laurent-du-Var pour savoir *ce que font les galères espagnoles.*

(1) Arch. de la commune de Vence, registre des délibérations.

Bourbon était arrivé au palais de Monaco le 23 juin, où il était fêté. L'escadre de Moncade mouilla dans le port le 24.

La flotte française commandée par la Fayette et par André Doria, forte de 10 galères, et de 25 autres navires, ne partit de Marseille que le 30 juin. Elle comptait encore parmi ses principaux chefs, le Baron des Baux, frère Préjean, grand prieur de Saint-Gilles et frère Bernardin.

Cependant Raphaël de Cormis, gouverneur de la Viguerie de Saint-Paul, n'oubliait pas le mandat que lui avait confié le gouverneur de Provence, de défendre la frontière du Var. — Tandis que son fils se tenait dans la Viguerie de Digne pour arrêter l'ennemi aux passages des Alpes, Raphaël de Cormis, nous raconte son fils lui-même (1), ayant rappelé ses vieux compagnons qu'il venait de licencier à son retour du Piémont, et qu'il avait à sa solde, se rendit aussitôt de Vence à Saint-Martin-du-Var. Là, il fit de nouvelles recrues, tellement qu'il se trouva à la tête d'un gros de trois cents bons vieux compagnons, et d'une cinquantaine de chasseurs et d'autres bannis du Piémont, ce qui portait sa troupe à près de 500 fantassins. Il avait emmené avec lui ses neveux Pierre Lascaris, Honoré du Bar et Amat de Villeneuve ; et marchant par monts et par vaux, il était arrivé au pied du col de Tende avant les troupes du Connétable. Il se cacha dans un bas-fond de Breil, au quartier de *Bibace*. Quand il vit l'ennemi défiler, il assaillit par le flanc les lansquenets de la queue dont il fit une grande occision; puis, le gros de la gent venant fondre sur lui, il repassa la rivière avec ses hommes et se cacha dans une autre ravin. Semblable fut l'assaut de Sospel, et la retraite, de même. — Puis il retourna vers Saint-Martin-du-Var, où il trouva à sa rencontre, dit toujours Pierre de Cormis, les seigneurs de Beuil, d'Antibes, de Vence et du Bar,

(1) Mémoires de P. de Cormis (Louvet 3ᵉ vol.)

au nombre de six cents piétons; ils firent cinq enseignes en y ajoutant ceux de Raphaël de Cormis, chacune de trois cents hommes, et attaquèrent les ennemis par les épaules, puis se retirèrent vite vers les collines pour les recevoir au passage du Var. — Remarquons bien que les Grimaldi d'Antibes eux-mêmes ne sont pas du parti de leur parent, Augustin de Monaco. — Pescaire campait à Nice, le 30 juin, et ses troupes occupaient toutes les collines depuis Cimiez jusqu'à Saint-Augustin. — Les officiers supérieurs eurent leur logement dans la ville; mais la peste qui redoubla presque aussitôt d'intensité, les força de se retirer à Saint-Pons et à Cimiez. Le Commandant du régiment de Cordoue en mourut, et fut enterré en grande pompe à Saint-Dominique. (1)

V

Combat Naval en vue de Nice.

7 Juillet 1524.

La flotte de Doria et de la Fayette, tenait en échec Moncade, et empêchait les opérations de Bourbon. — D'ailleurs, les ennemis ne pouvaient entreprendre le passage du Var, qu'après l'arrivée des munitions et de l'artillerie. — Bourbon ordonna donc à Moncade de tenter le sort d'un combat naval...

Le 4 juillet, notre escadre avait fait prisonnier Philibert de Chalon, prince d'Orange. — Ce grand partisan de l'Empereur, était parti de Barcelone sur une fuste et un brigantin

(1) Manuscrits de Scalièro (Nice).

avec beaucoup de seigneurs Espagnols pour joindre Bourbon à Monaco. — Il fut mené à Marseille d'où le sieur de Brion le livra à Aix au maréchal de la Palice. — François Ier donna l'ordre de l'enfermer dans la grosse tour de Bourges, où avait été détenu son père, Guillaume d'Orange. — Le 7 juillet, pendant que la flotte Française tenait le large, Moncade avait côtoyé la mer, et à la faveur de la nuit, commencé à débarquer entre l'embouchure du Var et la pointe de Caras ses hommes et son artillerie. — Bourbon quittait en même temps Monaco pour se rendre à son quartier général de la plaine du Var. — Ce qu'ayant vu, à la pointe du jour, nos dix galères affrontèrent les dix-sept Espagnoles, avec tant d'impétuosité, que Moncade fort maltraité, se hâta de chercher un refuge vers Monaco, laissant en arrière trois vaisseaux qui allèrent échouer à la pointe de Caras.

L'armée ennemie, après avoir considéré des hauteurs, s'approcha du rivage pour empêcher d'aborder…Quelques-uns des navires français, pendant que l'escadre faisait la chasse à Moncade, firent voile vers les vaisseaux échoués pour les capturer. Bourbon, aussitôt, animant ses grenadiers du geste et de la voix, les fit avancer dans l'eau jusqu'à mi-jambe, et alors s'engagea une vive fusillade, qui nous tua six hommes. Ils en perdirent une centaine, et Bourbon eut même son cheval tué sous lui, par un boulet. — Nous ne nous attachâmes pas à cette proie. — Un auteur Niçois prétend que les Espagnols en retirèrent les effets et tout ce qu'ils purent, puis y mirent le feu. — Doria, sur le Brau, cingla jusqu'à Monaco, où il savait qu'Augustin Grimaldi se trouvait en ce moment ; il canonna la place, faillit tuer le prélat d'un boulet de fauconneau, et rejoignit la flotte, entraînant un brigantin et une fuste monégastes.

VI

Passage du Var et siège de Marseille.

10 JUILLET ET 5 AOUT 1524.

François 1ᵉʳ n'avait pas assez de troupes à opposer aux envahisseurs sur la frontière du Var. — Il donna l'ordre de se concentrer sur Marseille, et chargea Philippe de Chabaud, baron de Brion, d'y soutenir le siège. Chabaud avait avec lui Rancé de Cerès, baron Romain, de la maison des Ursins. — Claude de Tende dût lui-même quitter Grasse, en chargeant Carcès du commandement général des milices chargées de la frontière du Var. — Le capitaine Jonas abandonna Saint-Laurent, et il fut résolu qu'on laisserait l'ennemi s'aventurer en Provence. — Bourbon passa le Rubicon le 10 juillet, sous le canon de la flotte française, qui endommagea beaucoup ses hommes, et il resta dix jours dans Saint-Laurent-du-Var jusqu'à ce qu'on lui eût soumis toute la rive droite jusqu'à l'Estérel. — C'est dans ce temps qu'on occupa Cagnes, et Vence laissé sans défense. — Parmi les pays à soumettre, il y eut surtout Antibes, qui résista assez de temps pour tuer 300 hommes à l'escaire. — La ville fut obligée de capituler, parce que la flotte de la Fayette avait reçu l'ordre de se diriger vers Marseille. — Qu'on ne croie pas que les religieux de Lérins aient manqué à leur serment envers la France. C'est sans doute le peu de bonne volonté qu'ils montrèrent envers les Espagnols, et l'agent d'Augustin de Grimaldi, qui anima les envahisseurs au pillage. — Les réfugiés de Cannes, et des autres pays du continent eurent les Espagnols, quoi qu'en ait dit monseigneur Augustin de Grimaldi. — Des historiens de Nice, et Bouche lui-même, ont aussi raconté bien à tort que nos milices, composées de quelques bandes de paysans avaient lâché pied au premier coup de canon.

Si les timides, si les femmes et les enfants avaient cédé devant la force, comme il arrive en pareille circonstance, tout ce qu'il y avait de plus brave s'était rallié à Carcès, à Raphaël de Cormis, au seigneur Grimaldi d'Antibes, à Honoré Richieu de Castellane, père des frères Mauvans, aux Lascaris de Châteauneuf-les-Grasse, aux sieurs de Tourettes-Fayence, de Tourette-Vence, de Vence, au capitaine Georges Augier, Etienne Garbier, et à tant d'autres, dont nos archives ont conservé les noms, tous hommes exercés dans les guerres précédentes au rude métier des armes.—Laissons encore la place au narrateur Pierre de Cormis. « A mesure que les ennemis traversaient à gué le Var, en-dessous de Saint-Laurent, tout effrayés, tout mouillés, et désordonnés, ils tombaient sous les arquebusades de Carcès et de ses tirailleurs. — Plus d'un argoulet de Bourbon laissa la vie à cet endroit. — Raphaël de Cormis accueillit de même la division de Pescaire qui passa au gué de Gattières. Il fit irruption sur les Italiens de la queue avec *moult grand carnage*, prenant les enseignes et saccageant les bagages et les sommiers de pourvoiement et avitaillement ; puis, après, forces gens se joignirent à eux et arrivèrent au nombre de deux mille d'au-delà du Var.

Leur quartier général était au vieux château des Gaudes en-dessous de Saint-Jeannet. Carcès y étant allé, il fut délibéré qu'on devancerait tôt les ennemis, pour leur couper le chemin, et les suivrait par monts et bois, en dix bandes séparées, chacune de 200 hommes, de manière qu'on fit plus de cent attaques tant à l'aller qu'au retour de Bourbon, et leur firent merveilleuse ruine. »

Le 20 juillet. Bourbon se disait maître déjà, au nom de l'Empereur Charles-Quint, de tous les pays depuis la Siagne jusqu'au Var, et s'avançait vers Fréjus, il laissait comme gouverneur des vigueries de Grasse, Saint-Paul, Guillaume et Draguignan, noble seigneur Barthélemy de Grimaldi, seigneur de Gattières et co-seigneur de Châteauneuf-Nice. Le 26, il avait occupé Draguignan. — Brignolle, Saint-Maximin, Hyères se soumirent. Il n'y eut que Toulon et Brégançon qui essayèrent de résister. — Mais c'était l'ordre du Roi de les laisser bien s'avancer en Provence pour mieux les abattre.

Ne disons donc pas avec Bouche lui-même, que jusqu'à Marseille, il n'y eût que Toulon et Brégançon qui montrèrent quelque générosité pour se défendre. — Oublierions-nous ces véritables héros, l'élite de nos pays, qui du Var à Marseille ne laissèrent ni trêve ni repos à l'ennemi. Ni Bouche, ni Métivier, ni Toselly, ni tant d'autres n'en n'ont pas parlé. Il semblerait même que le silence gardé sur Raphaël et son fils serait de parti pris ; peut-être y aurait-il eu quelque jalousie des plus grands seigneurs de son temps. — Aix ne résista pas non plus, parce qu'elle n'était pas en état de soutenir un siège. On lui en fit un reproche sans raison. Elle refusa ses portes à Bourbon du 3 au 7 août : et enfin elle lui envoya les clefs de la ville le dimanche 7 août.

Toutes les forces s'étaient concentrées sur Marseille. Là, hommes, femmes, enfants travaillaient sans relâche depuis un mois aux fortifications de la ville.—Un quartier même du côté de Saint-Lazare porte encore, depuis ce siège mémorable, le nom de *Boulevard des Dames*.—Les citoyens, au nombre de 9,000 se partagèrent la défense de la ville. La flotte de la Fayette et de Doria, voyant qu'il n'y avait plus rien à faire du côté de Nice, appareilla pour Marseille, où elle arriva le 5 août. — L'artillerie de Bourbon, logée du côté de Saint-Lazare, commença la canonnade le 23 août, et elle continua jusqu'au 24 septembre.

Celui qui s'était vanté d'amener à ses pieds les consuls de Marseille avec deux ou trois coups de canon, accourt un jour tout effrayé vers Pescaire. Un boulet était tombé près de sa tente et en éclatant, lui avait tué plusieurs officiers. « Qu'est-ce ? s'écria-t-il. — « Ce sont, reprit plaisamment Pescaire, les consuls de Marseille qui vous apportent les clefs. »

Parlons maintenant de notre frontière, et surtout du seigneur de Gattières.

Nous n'aurions jamais, sans les archives de Vence, découvert ce singulier personnage, dont l'appétit ressemblait à celui de tous les ambitieux.

De son fief de Gattières, si injustement cédé par un évêque de Vence au comté de Nice, et tant de fois revendiqué par la France, Barthélemy de Grimaldi, le pied posé sur le sol français, convoitait le gouvernement de tous les pays dont il s'était fastueusement fait décerner le titre.

Combien de fois nous a-t-on, de cette sorte, partagés comme un gâteau de Savoie.... mais on comptait sans les vaillants patriotes de la rive droite du Var. — Barthélemy de Grimaldi et les siens, comme Bourbon, s'en iront bientôt à la manière du renard qui a perdu sa queue à la bataille.

Barthélemy de Grimaldi se disait pendant ce temps-là, dans nos quartiers, au nom d'illustrissime seigneur Charles, duc de Bourbon, comte de Provence, *gouverneur en les cités et villes de Grasse, Saint-Paul, Draguignan et Guillaumes.* « En la contrée de Grasse avons ordonné lever pour notre garde et pour évacuer les mauvais garçons, agresseurs et violateurs, trente hommes payés à nous pour ung mois tant par la université de Grasse que par la université de Vence, sous tel cas no ha fait son devoir payera l'amende.

4

A Vence, 10 août 1524. » — Il enjoint aussi de porter des
vivres à Saint-Laurent-du-Var, puis aux troupes de Castellane. Il convoque les consuls de chaque commune à l'assemblée générale de Villeneuve-Loubet. Ceux de Vence,
pour calmer le noble gouverneur, lui portent des présents....
car ajoute le registre des délibérations, *petit mirabilia*. Il
charge à quelques jours de là la commune de Vence d'envoyer savoir ce qui se passe à Gattières, car il soupçonne fort
ce pays d'être attaché au roi. » Les Gattiérois en avaient
assez de Barthélemy de Grimaldi, comme semble l'insinuer
cette note des archives de Vence et ils auraient préféré être
de Provence, leur patrie naturelle.

VII

Levée du Siège de Marseille.

BATAILLE DE PAVIE

L'arrivée de François I", le découragement des troupes de
Bourbon, le manque de vivres, les pluies torrentielles du 26
septembre, la peste, et enfin le châtiment de Dieu, détermi-
nèrent les ennemis à déloger sans bruit le 28 septembre, mer-
credi. Ils semèrent leurs troupes le long du grand chemin de
Marseille à Nice.

Gloire aux valeureux Marseillais !

Les bandes de Raphaël de Cormis, de Carcès et de la Palice,
échelonnées sur les côteaux depuis Marseille jusqu'à Aubagne,
et du col des Anges à Collonges, avaient inquiété sans cesse les
envahisseurs durant le siège. Elles les harcelèrent de nou-

veau dans leur retraite. Les habitants des campagnes se joignirent à elles. Bourbon et Pescaire n'arrivèrent à Monaco que le 8 octobre.

Les consuls du Bar et de Tourrettes, avertirent ceux de Vence que la dernière bande de Bourbonniens sortait de Saint-Paul pour gagner le Var (9 octobre). A mesure que ces fugitifs débandés et réduits à la dernière misère, se présentaient aux portes de Nice, on leur faisait la sourde oreille. Ils achevèrent de ruiner la campagne, de couper les arbres pour se venger.

Le 14 octobre, Montmorency vint à son tour, et dépêcha son trompette au capitaine de la porte Saint-Antoine (Pont-Vieux) pour qu'il eut à le laisser entrer. Jean Badat répondit que l'artillerie des remparts ferait bonne raison de tout acte de violence. Barthélemy Roquemaure, qui gardait la Porte-Marine se montra de meilleure composition. Il accorda au maréchal seulement ; mais à peine le garde-clef, Pierre Micheletti, eût-il abaissé la première barricade, que vingt-cinq cavaliers de Montmorency poussèrent en avant et s'emparèrent de la porte. Le pillage dura toute la nuit. Montmorency se hâta d'embarquer trois mille hommes à Villefranche, et avec le reste, il traversa le col de Tende pour rejoindre François I⁰ʳ en Lombardie.

Le roi, entré à Aix le 1ᵉʳ octobre, fit mettre à mort le premier consul, le sieur des Prats, pour avoir livré la ville ; puis le 5, alla coucher à Perthuis. Il prit par Embrun la route du Piémont, reconquit le Milanais, envoya le marquis de Saluces occuper Port-Maurice, Vintimille, et les autres villes de la rivière de Gênes, mettre en fuite Moncade ; il chargea Jean Stwart, duc d'Albanie, avec Jonas, Miraclis, Pilosi, et les braves Ranse de Cérès et Vatelin de reconquérir le royaume de Naples. Cet éparpillement de ses forces, la perte d'un temps précieux devant Pavie, ville défendue par sa position naturelle et par l'habileté d'Antoine de Lève, l'acceptation de la bataille contre les conseils de la Trimouille et de ses meilleurs généraux, amenèrent pour la France un *nouveau désastre de Poitiers*. Le roi prisonnier, huit mille hommes de tués, nombre de généraux captifs, la Trimouille, Bonnivet, la Palice, de Foix, Saint-Séverin, Clermont-Tonnerre, Bussy d'Amboise, le vieux marquis Louis de Villeneuve-Trans, Réné de Savoie, tombèrent sur le champ de bataille, quelle lugubre sœur de Poitiers !

Les vaincus de Marseille avaient eu tout le temps de se rallier dans la rivière de Gênes, et Monaco avait été un des quartiers généraux où s'organisa la nouvelle armée.

Disons pourtant, à la louange de notre patrie, que François Iᵉʳ se battit comme un lion. Il eut son cheval tué sous lui ; blessé à la figure, au bras, et à la jambe, il se rendit, non à Bourbon, mais au sire de Lannoy qui eut pour lui toutes sortes d'égards. Les Espagnols, moins injustes que nous envers François Iᵉʳ, célébrèrent sa bravoure ; ils l'écoutèrent avec admiration parler de sa défaite, qu'il attribuait en grande partie à la défection des Suisses, et à son cheval tué sous lui.

Charles-Quint avait vaincu, le jour anniversaire de sa naissance, 24 février, fête de saint Mathieu. Dans l'énivrement de la joie, il fit part à tout le monde de sa bonne fortune et il n'oublia pas son bon ami, Augustin de Grimaldi.

La lettre est datée de Madrid, 26 mars 1525. Nous la devons à M. Métivier, auteur de l'histoire des princes de Monaco.

« Révérend père en Dieu, cher féal conseiller, notre beaufrère et lieutenant-général en Italie, le duc de Bourbonnais et aussi notre vice-roi de Naples, m'ayant très amplement écrit et averti de votre bon, grand et loyal devoir en cette bienheureuse bataille contre le roy de France, nous ne vous en pouvons assez remercier ; mais vous pouvez être certainement assuré que nous n'oublierons jamais un tel service ; car notre intention est de le reconnaitre bien entièrement, de manière que en réciproque qu'avez mis la vie et vos biens en hazard pour nous soutenir et garder notre honneur, réputation et bon droit, vous et les vôtres qui ont bien servi, vous aurez aussi part au profit de la victoire, comme plus au long vous diront notre dit frère de Bourbon et le dit vice-roy, lesquels vous réquérons croire comme nous-même. Et continuez à faire service à celui notre frère de Bourbon, comme vous voudriez faire à notre propre personne. Et à tant, révérend Père en Dieu, cher et féal conseiller, notre Seigneur vous ait en sa sainte garde. »

Répétons-le : Que ces deux noms accolés ensemble, Bourbon et A. Grimaldi, font mal au cœur d'un Français !

VIII

François Iᵉʳ prisonnier de Charles-Quint.

François Iᵉʳ, par ordre de l'Empereur, est mené de Pizzighettone à Taggia, d'où Charles de Lannois le conduisit en Espagne. Le mauvais temps le força de relâcher à Villefranche. Les consuls, le gouverneur et l'évêque de Nice rendirent visite au royal captif, qui les reçut froidement. Il s'arrêta aussi à Lérins, le 22 juin. Grégoire de Modène dirigeait alors l'abbaye.

Quand se négocia le traité de Madrid, Charles-Quint n'oublia pas le seigneur de Monaco. Il écrivit aux plénipotentiaires le 25 juillet 1525 ces mots à leur adresse : « Et quant à messieurs les évêques de Genève, d'Autun et de Monaco (Monègue), ils tombent au même profit de restitution de leurs biens ecclésiastiques et temporels, et même des pertes et des dommages qu'ils ont reçus en leurs biens, et même soit réparé leur honneur. Que semblablement les sujets, amis et adhérents dudit seigneur de Monaco, soient compris audit traité et que relaxation soit faite de ceux qui à ces causes ou durant la guerre ont été mis aux galères par force, tant provençaux qu'autres. »

Ces conditions furent agréées. Mais on sait que l'assemblée des notables à Cognac délia le roi de la foi jurée et cassa le traité dont plusieurs stipulations outrepassaient les droits royaux.

IX

Louise de Savoie, régente de France.

La France et la reine-mère se trouvèrent, dans l'épreuve terrible qu'elles eurent à traverser, à la hauteur du danger pour surmonter tous les obstacles. — Noblesse, clergé, communes votèrent des sommes pour le *rachat du roi*. *Pro redemptione nostri regis captivi.* (Arch. de Vence.)

L'abbaye de Lérins, soupçonnée d'être de connivence avec les ennemis de l'Etat, se dégagea de toute imputation par l'offre généreuse d'une grande partie de ses revenus. — Louise de Savoie s'en montra si reconnaissante envers l'abbé Grégoire de Modène, lors de son voyage à Tarascon, qu'elle lui donna des lettres confirmatives de ses priviléges,

et lui accorda, malgré les intrigues des Religieuses de Tarascon, tout pouvoir sur ce monastère.

Se trouvant à Saint-Juste-les-Lyon, 15 *nov.* 1525, elle
adressa aussi la lettre suivante au sieur Martin, lieutenant
et gouverneur pour le Roi en Provence. — « Très cher et
bien aimé, nous avons été adverti que les Augustins de la ville de
Grasse se sont mis en une maison et église estant en la dite
ville, qui est et dépend de l'abbaye de Saint-Honorat et yceux
y font leur séjour et s'y sont logés et habitués parce que
leur maison et église ont été gâtés et emplis de terre pour les
fortifications naguières faites en icelle ville de Grasse. Pour
cette cause nous vous prions et mandons expressément que
vous informiez sur la dite maison et église ainsi prises par les
dits Augustins; si les dits Religieux sont fondés à y demeu-
rer; faites visiter aussi la dite église, maison et couvent de
saint Augustin, pour voir quel dommage y a été fait, si iceux
pourraient être réparés sans nuire aux fortifications....... et
avertissez de tout les gens du conseil du Roi notre seigneur et
fils. »

Signé : LOYSE.

Plus bas, GIDOYS.

X

Clément VII , médiateur entre Charles-Quint et François I".

3ᵉ GUERRE DE LA RIVALITÉ

Le Pape Clément VII essaya de cimenter une paix durable
entre Charles-Quint et François Iᵉʳ. — Il fut question de

choisir Nice pour le lieu de l'entrevue. — Le duc de Savoie, craignant une surprise, refusa et vint passer l'automne dans cette ville avec Béatrix. — On désigna Marseille. — Clément VII embarqué à Pise sur les galères d'André Doria, fut obligé de s'abriter, à cause du mauvais temps, dans le port de Ville-franche, 7 octobre 1533. A peine la nouvelle en parvint-elle à Nice, que l'évêque, les consuls, l'abbé de Saint-Pons et la population entière coururent à Villefranche. — Le lendemain, l'escadre appareilla pour Marseille. — Rien ne fut conclu, et la troisième guerre de la Rivalité éclata en 1535. — Char-les-le-Bon, devenu notre ennemi, y perdit tous ses états, le comté de Nice excepté. Pendant que François I" soumettait le Piémont, Charles-Quint médita une terrible revanche pour 1536, — *année appelée calamiteuse* par la Provence. Donnez-lui aussi le nom d'héroïque; les Provençaux furent des héros.

XI

Invasion de 1536.

Charles-Quint avait vengé son échec de Marseille à Pavie, mais pas encore devant Marseille même; il n'avait pas réalisé son projet de reconstitution du royaume d'Arles et de Provence, comme fief de l'Empire. — Cette fois, il va rassembler une armée formidable, toute dévouée à sa cause, et pleine de rancune contre la France. Italiens, Espagnols, Autrichiens, sont ligués contre nous. Le comte de Nice espère être agrandi jusqu'à l'Estérel. Le duc de Savoie marche à côté de Charles-Quint, et il aura le comté de Provence sous la suzeraineté de l'Empire. — La flotte d'André Doria et de toute la rivière de Gênes, jointe à celle de l'Espagne et des Deux-Siciles, soutient la marche des *quatre-vingt-dix mille hommes de Charles-Quint*. Barthélemy de Grimaldi, seigneur de Gattières et premier consul de Nice fait des rêves d'or et des châteaux en Espagne. Le seigneur de Monaco sert dans les rangs Espagnols. — On voit près de Charles-Quint, les ducs de Savoie, de Parmes, de Brünswick, d'Alva, le marquis de Guast, fils de Pescaire, Antoine de Lève, Fernand de Gonzagues. — Erasme Gallean, nommé colonel par Charles-Quint, conduisait les volontaires de Nice et l'élite de la noblesse du comté. — Jamais on ne vit enthousiasme pareil sur la rive gauche du Var.

Lorsque l'Empereur arriva à Nice entouré de son état-major, la duchesse Béatrix et son jeune fils Emmanuel Philibert, le gouverneur, les consuls, l'évêque Jérôme d'Asarge, suivis d'une foule immense coururent à sa rencontre jusqu'à Drap. Il y eut force compliments donnés et rendus. — La flotte de 40 galères ajouta encore à l'effet de ce magnifique spectacle. — Pauvre France! — De Cimiès au Var, on campa depuis le 21 juillet jusqu'au 25.

Toute cette grande armée formait trois corps, l'un était arrivé de Fossano par la rivière de Gênes, le deuxième, parti aussi de Fossano, avait passé le col de la Corne par Mondovi, et le troisième, par Coni et le col de Tende. Le seigneur de Cental Jean-Louis de Bouliers, refusa de rendre Roque-Espavière à Antoine de Lève, en lui déclarant qu'il ne reconnaissait pour maitre que le roi de France. — Après cette réponse, Antoine de Lève se dirigea vers Château-Dauphin, où le capitaine Paulin ne montra pas plus d'obéissance, et il descendit vers Nice. La France avait de ce côté de chauds partisans, dans les amis des comtes de Tende.

XII

Défense de la Provence

La Provence se montra admirable de défense héroïque dans cette invasion de 1536. — Les membres du parlement prouvèrent qu'ils savaient aussi bien manier l'épée que la plume, et qu'ils allaient de la parole à l'action dans ce danger commun de la patrie. On se rappelait Bourbon. — Nous ne pouvons nous étendre au-delà de notre bassin du Var, parce que nous nous sommes spécialement attachés à décrire la contrée que nous avons étudiée depuis longues années déjà.

Pendant que l'Empereur s'approchait de la Provence, François Ier avait rappelé toutes ses troupes, après la reddition de Fossano. — C'étaient les sieurs René de Montjean, Roure, Cérès, Jonas, Villebon, Montpezat, Roche du Maine. Ils eurent ordre de se rendre à Grasse où étaient Claude de Savoie, grand sénéchal et gouverneur de Provence, Claude d'Urre, Jean de Pontevez, les sieurs du Mas, de Villeneuve, Grimaldi d'Antibes, Lascaris-Châteauneuf, Honoré de Grasse-Briançon, Honoré de Grasse, comte du Bar. Si nous ouvrons les registres de délibérations qui ont échappé à ce torrent dévastateur, nous trouvons que toutes les places rivalisèrent d'ardeur pour se mettre en état de défense. *Antibes* se retrancha derrière ses murailles, et Gaspard de Grimaldi, son vaillant seigneur, montra un courage à toute épreuve, tellement que François Ier lui en marqua sa vive reconnaissance.

Nous avons encore les comptes des dépenses que firent les Vençois pour leurs remparts, avant que *los Espagnols venguessan*. Ils nomment Etienne Garbier pour capitaine. — Le seigneur Giraud du Broc garde Saint-Paul avec sa compagnie ; le sieur de Russan, se tient à Saint-Laurent-du-Var ; le baron de Vence, Antoine de Villeneuve, à Séranon, et son fils Claude à Sigale. Antoine de Villeneuve, baron de Vence est nommé cette année viguier et gouverneur de Grasse, Jean de Rosset, commissaire des guerres, et Honoré de Grasse du Bar capitaine des gardes-côtes de la Siagne au Var. — Montmorency, à Aix, avait le commandement général. — C'est lui qui ordonna, à l'exemple des anciens tacticiens, de laisser l'ennemi avancer en Provence, et de le vaincre en l'affamant. Le comte de Furstemberg, lança ses six mille lansquenets sur tout le comté de Barcelonnette, et saccagea les vivres et les fourrages dans tout le haut comté de Nice jusqu'à Saint-Etienne-la-Tinée. — René de Montjean, Colonna, Bonneval firent de même de Saint-Maximin, à Draguignan. Les sieurs de Pontevez-Carcès, Calas, et Callian furent les premiers à brûler leurs granges, à verser leur huile et leur vin.

Cependant le 20 juillet, Charles-Quint donna l'ordre à André Doria de lui soumettre les villes du littoral jusqu'à Marseille. Il jeta donc, à l'improviste, des troupes sur le rivage d'Antibes, et l'attaqua par mer et par terre. — Toutes les communes poussèrent le cri d'alarme. Les consuls de Vence envoyèrent alors à Callian et à Sigale avertir leur baron et son fils que la flotte croisait devant Antibes. Jean de Pontevez accourut à Vence pour ordonner aux troupes réglées de battre en retraite sur Marseille, et chaque ville de la frontière fut laissée à ses propres ressources.

Dans le conseil tenu à Grasse, il fut résolu que cette ville n'étant pas assez forte pour soutenir un siège, on y mettrait le feu et on démentellerait les murailles — ce qui s'exécuta le jour même. On évacua le plus silencieusement possible. —

Le comte de Tende ne laissa que cinq cents hommes de troupe sous la conduite d'Honoré de Grasse-Briançon. Le seigneur de Vence y joignit ses quinze cents hommes de milices, ce qui fit 2,000 hommes pour harceler l'ennemi et l'inquiéter dans sa marche, comme en 1524. — Mais où est Raphaël de Cormis? — Pourquoi ce silence dans tous les historiens de Provence?

XIII

Raphaël de Cormis et le siège d'Antibes.

Antibes, bloquée de tous côtés soutint glorieusement le siège. Les coups de canon tirés de la ville, dit Antoine Arena, coulèrent à fond deux galères. — Ce ne fut qu'au bout de quatre ou cinq jours, que la ville fut prise d'assaut et occupée par l'ennemi. Charles-Quint se rendit aussitôt à Saint-Laurent, et il s'y installa durant huit jours, tant que son armée défila en Provence.

L'avant-garde impériale, partie de Saint-Laurent-du-Var, le 1ᵉʳ août, un peu avant l'Empereur, pour se rendre à Grasse, se divisa en deux colonnes, la première conduite par Fernand de Gonzagues et don Alphonse de Saint-Severin, prince de Salerne, se composait de 4,000 hommes. Mais ces avant-coureurs ayant aperçu nos miliciens, et nos bandes, au nombre de 2,000 hommes, qui couraient le côteau et dominaient le chemin de Villeneuve-Loubet à Grasse, Gonzagues craignant qu'il y eut plus de monde et que ce fut un leurre pour l'attirer au combat, rebroussa chemin et revint sur la grande route.

L'autre colonne, composée toute d'Espagnols avait continué vers Antibes, où elle rencontra nos légionnaires.

Croiriez-vous que Bouche semble oser à peine nommer le héros de cette journée. « Un Raphaël Roux de Cormis, dit-il, sieur de Romolles, gouverneur du baillage de Saint-Paul, âgé de quatre-vingts ans, fut tué l'épée à la main en cette rencontre. »

Nous savons par les mémoires du vaillant Pierre de Cormis son fils, quelques circonstances de cette mort glorieuse.

« Raphaël de Cormis, était revenu de la Barlette en 1531, et les légions étant instituées à la mode des Romains, il fut choisi pour commander les 2,000 légionnaires, dits du comte de Tende, avec un autre capitaine ; il se trouva à Fossano ; revenu avec l'armée d'évacuation, il se trouva à Antibes à l'entrée de l'Empereur. C'était bien son régiment qui avait été chargé de harceler l'ennemi, comme il l'avait déjà fait en 1524.

Claude de Tende était plein de vénération et d'estime pour lui, et de là vient peut-être la jalousie des autres seigneurs, qui ont essayé de le ravir à l'admiration des siècles futurs.

Raphaël a déjà forcé de déloger Gonzagues, il a sauvé Vence et Saint-Paul, qui ont chanté un *Te Deum* d'action de grâces et fait un festin de réjouissance. Oui, grâce à Raphaël, et les archives en font foi, Vence et Saint-Paul ne furent pas occupées par l'ennemi, qui n'osa s'aventurer dans ces montagnes. Erasme Galéan, à la tête de ses milices niçoises, quoiqu'il traversa le Var au gué de Gattières, eut peur des légionnaires et regagna la grande route.

Et, observez bien, que Raphaël était âgé de 84 ans. Quel courage et quelle énergie dans ce respectable vieillard ! Les Espagnols avançaient. Il s'élance sur la première bande ; puis étant entré trop avant dans la suivante, il tomba l'épée à la main dans son triomphe. Une trentaine de ses valeureux compagnons furent tués à ses côtés, mais le plus grand nombre fit une retraite des plus belles, combattant, harcelant, sans cesse, et se retranchant en bon ordre vers les collines jusqu'à ce qu'ils fussent en assurance.

Quand les envahisseurs eurent défilé la parade, nos légionnaires qui chérissaient leur colonel, relevèrent son corps et au milieu de leurs larmes et de leurs prières, ils l'ensevelirent avec ses 30 compagnons sur le lieu même de combat, et lui érigèrent un monument. On lisait sur la croix : « Priez pour lui. » Et cette croix resta debout sur le chemin d'Antibes jusqu'en 1560, époque à laquelle elle fut renversée par les Calvinistes.

Charles-Quint ne put se mettre en marche qu'au bout de trois jours ; il partit du château de Villeneuve-Loubet, où il avait pris son logement.

Le capitaine Fighière d'Eze eut le commandement du baillage de Saint-Paul au nom du gouverneur de Nice et du duc de Savoie. On se contenta, durant le siège de Marseille, de demander à Vence quelques contributions, ce qui fut accordé, en priant toutefois que le capitaine Fighière ne ravageât pas le territoire. Barthélemy de Grimaldi, seigneur de Gattières, était alors premier consul de Nice.

Charles-Quint avait besoin de toute son armée. Il fut arrêté par quinze braves devant la tour du Muy.

Le 9 août, il arriva à Aix, où il s'irrita de ne trouver au devant de lui aucun membre du Parlement. L'évêque de Nice le couronna roi d'Arles et de Provence. A la prière du duc de Savoie, tous les papiers de la Cour d'Aix furent brûlés, dans l'espoir qu'on anéantirait ainsi les titres qui se trouvaient dans cette ville pour la revendication du comté de Nice, de Gattières et de Barcelonnette par la Provence. Comme nous l'avons fait observer, jamais les comtes de Provence, depuis l'acte de 1388, n'avaient cessé de réclamer Nice, et en 1532 François Ier l'avait encore redemandé à Charles-le-Bon, comme la propriété du domaine royal. — Il n'y a jamais eu prescription.

XIV

Charles-Quint lève le siège de Marseille.

27 SEPTEMBRE 1536

L'Empereur qui disait à Charles-le-Bon : *Poco a poco rey de Francia* éprouva devant, Marseille le même échec que Bourbon. Il dut décamper le 27 septembre, après avoir perdu la moitié de son armée. Les gens des campagnes assaillirent la retraite tout le long du parcours, et ce ne furent que tués et blessés sur le chemin. Charles-Quint ne s'arrêta que quelques instants à Nice, laissa au duc qui s'enferma dans le château avec sa femme et son fils, une garnison de 2,000 Espagnols sous les ordres du maréchal Jean de Vasquès, et courut à Monaco, d'où il s'embarqua pour Gênes sur les navires de Doria. La disette, les maladies suivirent l'invasion. Jean de Pontevès poursuivant les fugitifs, s'arrêta sur les bords du Var, et fixa à Antibes son quartier général.

Ainsi se termina cette seconde invasion de la Provence. Celles de 1707 et de 1738 lui seront en tout semblables.

L'Espagne régnait sur Nice et sur Monaco.

Les Espagnols à Nice en 1537.

Cinq navires de pirates mahométans, débarquent en novembre à Barri-Vieil, et commencent à ravager la campagne : le cri d'alarme retentit dans la ville. La garnison espagnole après trois heures de combat, les obligea à reprendre le large. Elle leur tua une cinquantaine d'hommes et en fit autant de prisonniers.

Ce danger passé, il n'y eut pas de violences auxquelles ne se livrèrent ces troupes indisciplinées. On les logeait chez les particuliers, parce que la cour de Savoie occupait le château. Quand le duc de Savoie, qui allait et venait, se trouvait à Nice, les Espagnols se contenaient, mais Charles-le-Bon à peine parti, ils se livraient de nouveau à leurs excentricités. La troupe qui en temps de guerre, n'avait plus à se battre, était alors un véritable fléau.

Nous avons dit qu'il y avait là deux mille hommes sous les ordres du maréchal Jean de Vasques et de Vergas, maître de camp. Ils commettaient impunément, dit un contemporain, vols, meurtres, violences de toutes sortes, logeaient arbitrairement chez les particuliers, forçaient les propriétaires à leur céder leurs maisons et leurs meubles, couraient les villas qu'ils saccageaient.

Les consuls Barthélemy de Grimaldi, Franchino Barralis et Jacques Rosset se plaignaient amèrement au gouverneur, et adressaient aussi des suppliques à la duchesse.

Mais toutes ces concessions à l'Espagne portaient leurs fruits. Nice, frontière du Var, devait rester Provençal. Pourquoi Jean Grimaldi de Beuil avait-il détaché le comté de

Provence ? Pourquoi Augustin de Grimaldi avait-il livré Monaco ? Pourquoi Charles-le-Bon avait-il abandonné aussi la France pour se donner au colosse Autriche-Espagne ? — Plus de cent ans, la défection du seigneur de Monaco portera préjudice à la France ; et celle de Gattière, pendant, cinq siècles, et celle du comté de Nice jusqu'en 1868.

Nous avons eu l'intention, dans ce récit des invasions de 1524 et 1536, de prouver combien nos riverains de la frontière du Var ont combattu courageusement pour la patrie, et de rappeler, en même temps, deux noms chers à la France : Raphaël et Pierre de Cormis son fils.

Pierre de Cormis reprendra l'épée de son père, ou plutôt il tiendra au nom de son père la riche épée, enrichie de diamants précieux, que Claude de Tende, lui avait donnée en récompense de ses services. Le gouverneur de Provence avait voulu même accepter le parrinage de son fils aîné, Claude de Cormis, qui rivalisera avec son père, d'habilité dans l'art militaire, et dans la science des lois et de la diplomatie.

Pierre de Cormis, modèle de piété filiale, paya toutes les dettes que son père avait contractées pour la défense de la patrie ; vendit ses fiefs de Courmes et autres terres, pour vivre à Aix de sa charge d'avocat et de jurisconsulte. Il n'en continua pas moins de combattre. En 1542, nous verrons son fils le capitaine Claude de Cormis mener une compagnie au siège de Nice, et plus tard il sera l'un des premiers personnages du Parlement de Provence, et extrêmement cher à Henri IV.

Nous donnerons sa notice, après celle des comtes de Tende, dont le nom se rattache à celui des de Cormis.

CHAPITRE III.

—

RÉNÉ DE SAVOIE, COMTE DE TENDE, SEIGNEUR DE VILLENEUVE-LOUBET, CIPIÈRES, ET SON FILS CLAUDE DE TENDE.

—

I

La maison de Savoie.

Le nom de Savoie est tout français ; car dès l'origine, la Savoie comme le comté de Nice, faisait partie intégrante des Gaules et non de l'Italie. Les comtes de Savoie par leur famille, et par leurs alliances ont servi constamment la France, comme nos autres seigneurs, jusqu'à ce que princes et chefs d'Etat, ils aient été de droite et de gauche, suivant leur intérêt.

Les pays Italiens ont souvent trouvé étrange que la France revendiquât des contrées qui avaient autrefois appartenu à son royaume, — telles que le comté de Nice, et la Savoie. — Est-ce que Yolande d'Aragon n'a pas eu la main forcée, en 1419, lorsqu'elle déclara n'avoir pas assez d'argent pour payer ce que lui demandait le comte de Savoie ? — Tous ses successeurs protestèrent, sans jamais laisser prescrire, contre cette aliénation. — De là les craintes continuelles et les méfiances de la maison de Savoie contre la France. On craignait de se voir arracher ce fleuron du comté de Provence, et ce n'est qu'en vertu des grâces et des privilèges, octroyés par la libéralité des comtes de Savoie que Nice, vivant comme un petit état indépendant, repoussait la souveraineté de la France pour rester fidèle à ses nouveaux maîtres de l'annexion de 1388. — Les deux rives s'aimèrent encore moins lorsque la couronne de France ajouta à ses domaines le comté de Provence. — Charles VIII réclama Nice et Naples; Louis XII, alors duc d'Orléans, revendiqua Milan du chef de Valentine Visconti, et quand la France devint toute puissante dans Gênes, le duc de Savoie trembla pour son comté de Nice. — Ses mariages avec la cour de France l'obligeaient à ne pas rompre avec elle, tant qu'elle ne pût pas s'appuyer sur un allié puissant, mais elle eut une politique inquiète, louvoyante, tortueuse, mal assise sur ses Etats, morcelés et placés des deux côtés des monts. — Après avoir pactisé avec Charles le téméraire, nous la voyons se tourner vers le soleil levant, quand Philibert-le-Beau épousa, en 1501, Marguérite d'Autriche, femme répudiée de Charles VIII.

II

René de Savoie.

Philibert-le-Beau était fils de Philippe II qui avait pris part pour Charles-le-Téméraire contre le roi de France. Il avait pour frères et pour sœurs Charles-le-Bon, Louise de Savoie, mère de François Ier, et les bâtards RENÉ DE SAVOIE, comte de Tende, et Philippine de Savoie, femme de Jean de Grimaldi, seigneur de Monaco. Ces deux derniers enfants avaient pour mère Bonne de Romagnano. — Marguerite d'Autriche ne pouvait être favorable à la France. Aussi, jusqu'en 1530, sa puissante rancune nous atteindra plus d'une fois. — En attendant, elle devient en 1501, duchesse de Savoie, après avoir été reine de France, princesse d'Espagne. — Elle est mariée en troisième nôces.

René de Savoie, son beau-frère, ne lui plaisait pas. — Il avait le tort, aussi bien que Madame de Monaco, de ne pas être nés légitimement, et ce qui était plus grave, aux yeux de Marguerite, René aimait trop la France. René, en outre, d'un caractère ardent et indépendant pactisait dans Genève avec les libéraux Bertholet et Bonnivard. — Son père, Philippe de Savoie, l'avait légitimé en 1497, par lettres-patentes du 19 décembre, renouvelées, à Gênes, le 1er novembre 1500. — Comme on rêvait depuis longtemps l'annexion du comté de Tende à la maison de Savoie, et que Pierre Lascaris n'avait qu'une fille, un projet de mariage avait été formé, dès l'année 1494, entre René et Marie Lascaris. En 1500, le duc de Savoie nomma René gouverneur du comté de Nice. Celui-ci se fit chérir des Niçois, créa dans la ville un hôtel des monnaies et encouragea beaucoup les arts. Il reçut pour apanage Villars-de-Savoie, Sommerive, Aspremont et Gordans, tous pays de Savoie, et enfin le 10 février 1502, son mariage se célébra en grand apparat dans l'église Sainte-Marie de Tende. Y assistèrent les seigneurs Honoré de Grimaldi d'Ascros, fils du baron de Beuil, les Romagnano, les Parpaglia, les Valperga, les Bouliers de Cintal, les Chailan, les Novello, les Vicedominis, les Boers, Louis et Barthélemy de Lascaris-Castellar. — Quelques mois après, une affaire malencontreuse servit de prétexte à une rupture entre René et Marguerite d'Autriche. — Philippe de Valperga et Augustin de Ferréro se disputaient la fille de Philippe de Vigons. René retint la jeune fille chez lui, et jugea en faveur de Valperga. — Marguerite penchait pour Ferréro. *Inde iræ*.

La princesse se plaignit auprès de son mari, de ce qu'il tolérait dans ses Etats, et qu'il reconnaissait pour être de sa famille un bâtard. — René se retira auprès de sa sœur Louise de Savoie, puis il préféra vivre à Villeneuve-Loubet où résidait presque toujours la famille de sa femme. Marguerite d'Autriche usant de son crédit auprès de l'empereur Maximilien, amena celui-ci à rendre, en qualité de suzerain, un décret par lequel il annulait l'acte de légitimation de René (14 août 1501), et il le fit sanctionner par Philibert, en 1503. — On donnait pour raison que René avait employé l'intermédiaire d'un prince étranger afin d'obtenir du Saint-Siége sa légitimation. — Louise de Savoie prit parti pour son frère, et dès ce jour René se mit au service du roi de France. — Ce que voyant, Philibert, poussé par sa femme, déclara René coupable de lèse-majesté, et confisqua tous ses biens. — A l'avènement de Charles II, en 1504, l'affaire eut pu être arrangée par le cardinal d'Amboise qui fut pris pour arbitre, mais l'assassinat du prince de Monaco, les guerres d'Italie, les intrigues de Marguerite firent échouer les négociations, et c'est ainsi que René fut perdu pour la Savoie. — Il va se donner tout entier au service de la France, dont il sera un des plus nobles et plus fidèles seigneurs. De sa terre de Villeneuve, et de son fief de Tende, il avait l'œil sur le comté de Nice; il faisait des alliés à Louis XII dans ce pays, et lui ouvrait les passages de l'Italie. — Nous le voyons, en 1511, à Gênes, repousser la flotte combinée des Vénitiens et du Pape; — en 1512, il est à Maro (14 juin), où il fait ses dispositions testamentaires. Une nouvelle révolte a éclaté dans Gênes. — En 1513, après avoir ajouté quelques clauses à son testament, il part de son château de Villeneuve-Loubet, s'embarque à Villefranche, ravitaille Gênes, et aidé des Adorno et des Fieschi, il bat Fregose à Saint-Pierre-d'Arène.

René de Tende avait bien mérité de notre pays. Il fut élu par Louis XII grand sénéchal de Provence.

François Ier, neveu de René, le nomma (26 janvier 1515), gouverneur de Provence, grand-maître de France et grand-amiral de la Méditerranée. — C'est, décoré de tous ces titres, qu'il assista, cette année même, au baptême du Dauphin. — Quand la seconde guerre d'Italie fut engagée, il passa en Suisse avec Lautrec pour faire une levée malgré le cardinal de Sion, et rejoignit le roi à Marignan par le pas de l'Argentière. — Après Marignan, où il combattit vaillamment, il accompagna Trivulce contre les Vénitiens à Brescia.

Charles-le-Bon semblait alors au mieux avec la France. Car nous lisons qu'il reçut très bien François Ier à Turin, après Marignan. — Le duc lui ayant manifesté le désir d'aller en pélerinage à la Sainte-Baume, François Ier écrivit à René de Savoie (1er février 1516) : « Nous ordonnons à René, comte de Villars..... de recevoir avec respect et d'accueillir le duc de Savoie, mon oncle, sur toutes les terres par où il passera, dans sa visite à la Sainte-Baume, avec autorité pour sa première entrée de délivrer les prisonniers pour crimes, autres que ceux de lèse-majesté, homicide volontaire, rapt, fausse monnaie. » — René avait recouvré lui-même toutes les bonnes grâces du Duc, et même ses fiefs aliénés. — Joignez à la haute faveur dont il jouissait, l'union avantageuse qu'il avait fait contracter à son fils Claude de Tende. — C'était avec Marie de Chabanne, fille de La Palice et d'Anne de Melun, qu'il l'avait marié, et Claude répondant aux traditions paternelles était devenu, sous les plus grands maître en l'art de la guerre, l'un des plus habiles généraux de son temps. — C'est pourquoi François Ier appela René pour l'avoir toujours près de lui, et nomma gouverneur de Provence Claude, son fils.

— C'était en 1519.

Devenu grand-maître de la maison du roi, place laissée vacante par la mort du sieur de Boissy, il eut toute la confiance de François I, son neveu. Il fut chargé en 1521 de passer en Suisse pour faire un nouveau traité avec la République. Il y partit avec 500 chevaux, et y recruta 16,000 hommes qu'il conduisit à Lautrec dans le Milanais. La Palisse et Montmorency, partageaient avec lui le commandement de cette nouvelle armée. Il se trouva à la malheureuse bataille de la Bicoque (22 avril 1522), où fut battu Lautrec. — De retour auprès du roi, il assista, en qualité de grand-maître de France aux conseils privés que tint François I contre l'élection de Charles-Quint, à l'Empire, et contre la trahison de Charles de Bourbon. — Il se chargea avec la Palisse de soumettre le Bourbonnais à l'obéissance du roi. Enfin il suivit le roi en Italie, fut blessé mortellement et fait prisonnier avec Claude, son fils. — Celui-ci obtint de rentrer en France pour y chercher la rançon de son père, mais *René* mourut avant son retour.

Ce fut un grand et illustre prince. Il racheta la tâche de sa naissance par une rare bravoure, une fidélité constante à la France, une piété sincère. — Il avait bâti de ses deniers l'Eglise N.-Dame-de-Mians en Savoie, et celle de N.-Dame-des-Anges à Antibes. — Il laissa de sa femme Anne de Lascaris, cinq enfants, Claude son successeur, Honoré, marquis de Villars, Madeleine de Savoie, qui épousera le maréchal Anne de Montmorency, Marguerite qui sera mariée avec Antoine de Luxembourg, comte de Brienne, Isabeau, avec le comte de Bouchage.

III.

Claude de Savoie.

Claude de Tende, comme nous l'avons vu dans les notices des Grimaldi et de Raphaël de Cormis, se conduisit vaillamment, à l'époque de l'invasion du traitre de Bourbon en Provence. — Il fit de même en 1536 et en 1538. C'est dans son chateau de Villeneuve-Loubet qu'il recevra François I, et que se signera la trève de Nice. — Il avait pour beau-frère, le connétable Anne de Montmorency, marié depuis le 10 janvier 1526 à St-Germain en Laye avec Madeleine de Tende, tant renommée par sa beauté, et par ses vertus.

IV

Trève de Nice.

Le congrès de Locate n'amena pas la paix tant désirée. — Le pape, au nom de la religion de charité, au nom de l'église désolée déjà par la réforme, proposa sa médiation : et *Nice* fut choisi pour le lieu de réunion.

Paul III, ancien évêque de Vence, avait demandé à rester seul chargé, pendant la durée des conférences, de la ville et de la citadelle de Nice. — Les conseillers de la cité et le duc firent répondre au pape que pour rien au monde on ne lui abandonnerait la place. — On a voulu y voir de la part du souverain-pontife l'intention de livrer Nice à l'un ou à l'autre prince, ou de la remettre à son neveu le duc de Parme.— Ne faudrait-il pas mieux juger le pape Paul III ? Comme Charles-le-Bon penchait pour Charles-Quint, le Pape demandait à ce que Nice considérée, pendant la conférence, comme ville neutre, ne fut occupée ni par l'un, ni par l'autre parti et qu'il en fut seul le maître. Mais on ne voulut rien entendre aux explications de la cour pontificale. — Le peuple menaça même de se révolter et il fut décidé que ni le Pape, ni François Ier, ni Charles-Quint n'occuperaient le château. — L'empereur resta à Villefranche, où il arriva avec vingt-huit navires, toute sa cour et 3,000 hommes de sa garde (9 mai 1538). — Il envoya demander le château, mais le roi François Ier avait fait dire que si l'on y introduisait qui que ce soit, il rompait la conférence. — Charles-le-Bon répondit à Charles-Quint qu'il l'occupait lui-même. Le pape Paul III se trouvait à Monaco, chez le prince Henri Ier de Grimaldi. — Il envoya de là son neveu, le duc de Parme, demander le château de Nice au duc de Savoie. — Les citoyens de Nice ne connurent plus alors de bornes et déclarèrent à Charles-le-Bon qu'il n'avait pas le droit de céder le château sans leur consentement. — Le duc leur dit : « Recevez-y au moins le Souverain-Pontife. » — Là dessus, Jean Badat, prenant la parole devant le peuple assemblé : « Vous savez, monseigneur, que Nice, s'est donnée à la maison de Savoie à la condition qu'elle ne pourrait ni l'aliéner, ni la transmettre à aucun prince ; et le cas échéant, qu'il lui était permis de se défendre même par les armes. C'est ce que nous ferons dans cette circonstance. » — Aussitôt le peuple cria : « Savoie ! Savoie ! Vive Savoie ! » Le duc se retira. — Paul III débarqué à Nice, le 17, s'en alla loger au couvent de Sainte-Croix (aujourd'hui Croix de Marbre). — Les Niçois montaient la garde au château, de crainte d'une surprise. — Le jeune Emmanuel Philibert ayant voulu rendre visite au pape, le peuple l'enleva dans ses bras et le porta dans le château dont il ferma les portes. — Charles-Quint parut indigné de tout ce tumulte, et de cette obstination des Niçois. Alors le duc accourut et devant la population rassemblée sur la place Saint-Michel : — « Messieurs, dit-il, vous êtes mes sujets, moi je suis votre souverain. Pourquoi ne voulez-vous pas que ces princes logent dans la ville ? » — On répondit par le relement des tambours et les cris de vive Savoie! et il ne put en tirer autre chose.

Le pape et l'empereur se virent sous un pavillon, du côté du Limpia. — Cependant, le 23 mai, les Niçois se ravisant allèrent offrir au pape un logement plus convenable. Paul III répondit froidement qu'il était bien où il était ; qu'il demandait seulement aux consuls de faire respecter les étrangers logés en ce moment dans leur ville.

François I*r* n'arriva à Villeneuve-Loubet que le 31 mai, ayant dans sa suite Eléonore, sa femme, sœur de Charles-Quint, le dauphin Henri, Charles-d'Orléans, la princesse Marguerite, Montmorency, 6,000 fantassins et 1,600 cavaliers. — Il se fit préparer un logement au quartier des Baumettes, dans la *Tour de Capean*, où il se rendit le 2 juin 1538, avec 700 lanciers.

Toselli nous reproduit le récit de Geoffredo :

« Vers dix heures du matin, commencèrent à arriver à la
« Tour de Capean bon nombre de prélats et de seigneurs
« français, suivis du capitaine Mane, qui commandait 100
« cavaliers grecs et macedoniens; ensuite venaient 80 chevau-
« légers du comte Guillaume, et à quelque distance, le con-
« nétable Montmorency avec César Frégoso et beaucoup de
« chevaliers italiens et français sous la conduite de monsei-
« gneur d'Annebault. On comptait en tout plus de 400 superbes
« chevaux, suivis par 80 lanciers du comte Guillaume. —
« Puis 115 files d'arquebusiers sur sept de front, 37 files de
« piquiers armés de cuirasses, 21 lignes de hallebardiers,
« 9 bannières, 9 autres files de hallebardiers, 150 files de
« piquiers sur cinq de front, vêtus aussi de cuirasses, 78
« files d'arquebusiers marchant trois à trois. Le comte de
« Nassau venait avec 250 hommes d'armes, ce qui formait
« en tout environ 1,000 chevaux.

« Derrière ceux-ci, il y avait une compagnie d'une soixan-
« taine de lanciers qui portaient le casque, et 200 gardes du
« roi conduisant 600 chevaux de toute beauté et très riche-
« ment caparaçonnés. — Après c'était le duc de Lorraine,
« avec 100 chevaux et beaucoup de seigneurs ; enfin venaient
« le Dauphin, le duc d'Orléans, monseigneur de Saint-Paul,
« et l'archevêque de Milan, Hippolyte d'Este, derrière les-
« quels était monté sa Majesté sur un superbe cheval couvert
« de velours bleu broché d'or. Sa Majesté avait un habit de
« velours bleu, a crevasses brodées et boutons d'or enrichis
« de pierres précieuses. Il portait une toque surmontée d'une
« plume bleue ; une de ces mêmes plumes était placée à la
« tête de son cheval qu'il faisait caracoler à la vue de la foule
« ébahie d'admiration.

« Deux cardinaux, envoyés par le pape, tenaient la droite
« et la gauche de Sa Majesté très chrétienne. Quand il arriva
« au pavillon des Baumettes, la troupe forma la haie. Paul III
« sachant que le roi arrivait aux Baumettes, avait envoyé en-
« core deux autres cardinaux, Innocent Cibo et Antoine de
« Saint-Severin. — Lui-même se trouva là avec sa cour ponti-
« ficale. — François Ier, à la vue du souverain-pontife, mit
« pied à terre, et s'agenouillant lui baisa les pieds. Le pape
« le pria jusqu'à trois fois de se couvrir. Après les com-
« pliments d'usage, François Ier lui présenta ses deux fils.
« Ensuite les deux souverains se retirèrent dans une chambre
« particulière, où ils conférèrent plus de quatre heures. »

Charles-Quint et François Ier ne se virent pas. La
séance fut levée à 5 heures 1|2. — Une seconde entrevue de
François Ier et du Pape se tint au Moulin-du-Var.

Le 8 juin, Éléonore et Marguerite de France vinrent voir
le Pape au couvent de Sainte-Croix, en grande cérémonie. Le
9, Paul III vit l'empereur ; le 12 la reine Éléonore et la

princesse Marguerite de France visitèrent l'empereur à Villefranche, le duc de Savoie les accompagnait. — Au moment où les nobles passagers traversaient pour aller sur la galère, le pont de bois se rompit. — Chacun en fut quitte pour la peur. Les marins se jetèrent à la mer et il n'y eut heureusement de mal pour personne.

On ne put aboutir qu'à une trève de dix années. — L'empereur la signa à Villefranche le 18 juin, et François Ier le 21 juin à Villeneuve. — François Ier quitta le 22 le château de son parent, Claude de Tende, gouverneur de Provence. — Et le 24 juin Charles-Quint arriva à Gênes avec le Pape. — Honoré II de Grimaldi, sujet de Monaco, reçut dans ce voyage de Charles-Quint confirmation de ses privilèges. — Antibes a conservé les lettres patentes de ces privilèges, confirmées par François Ier à la date du 18 juin 1538. — Les deux monarques se donnèrent rendez-vous à Aigues-Mortes et la meilleure intelligence s'établit entre eux, si bien que Charles-Quint put passer par la France pour se rendre à Gand (janvier 1540).

V

Siège de Nice en 1543.

QUATRIÈME GUERRE DE LA RIVALITÉ (1540, 1544).

Charles-Quint manqua de parole. Le roi de France dépité,

En 1568, seulement, les consuls, ont élevé un monument sur l'emplacement même où logea le pape Paul III et où il avait coutume de dire l'angelus à genoux. — Enlevé en 1792, il fut remplacé en 1810 par la comtesse de Villeneuve.

abandonné de tous les princes catholiques, abandonné du pape lui-même, prit des alliés où il put, parmi les ennemis de ses adversaires. — Il se ligua avec Soliman, il se ligua avec les Protestants d'Allemagne. En 1540, la rive droite du Var est couverte de troupes — Les fortifications d'Antibes sont poussées avec une grande activité. La troupe Écossaise prend ses quartiers d'hiver à Vence; elle a les capitaines Buysson, Rudefer, Cannubal, Jean Blar, Robert, Humes..... Le comte Lennox les commande. — *Nice* avait été le point de mire de la *Trève* de 1538. Il sera le point de mire de la quatrième guerre de la rivalité. — François Ier demandait ni plus ni moins à Charles-le-Bon, le comté de Nice pour lui rendre ses autres États. — Sur son refus formel, il chargea le comte Adhemar de Grignan, lieutenant-général de Provence, de préparer une expédition formidable contre Nice, boulevard de la Méditerranée. — Le comte de Grignan au moyen d'intelligences qu'il se ménagea dans cette ville, devait s'en emparer par surprise. — Il envoya à cet effet le capitaine Magdalon, le 16 juin 1543, pour débarquer de nuit dans la campagne, tandis que lui se tenait en vue des côtes. — Un des traîtres se repentit et avoua tout au colonel d'Eschaux. — Quand les Français arrivèrent au pied des remparts, les troupes de la citadelle de Nice, qui étaient prévenues, firent aussitôt une vive fusillade, et André Doria, sorti du port de Villefranche, donna la chasse à nos navires — Magdalon, quoique blessé mortellement, se défendit avec un vrai courage. — Le comte de Grignan prit le large vers Toulon.

Quelques semaines après apparurent en vue de Nice les vaisseaux de Barberousse, que montaient 14,000 Turcs. — C'était le 5 juillet. — Le cri d'alarme retentit dans la ville. — La nuit venue, ils cinglèrent vers Marseille. — Une flotte de 300 voiles, aux pavillons Français et Turc était destinée contre Nice, et les habitants le savaient. — Hommes, femmes, enfants se mirent à travailler aux fortifications. — Les citoyens valides divisés par bataillons, s'exercèrent au maniment des armes. — Le duc de Savoie envoya tout ce qu'il put disposer de troupes, dans ce moment suprême, et promit d'en envoyer encore plus.— Mais Charles-Quint, avait à faire face au dauphin, à Perpignan ; à Charles d'Orléans dans le Luxembourg ; à Longueville dans le Brabant ; à Vendome en Picardie ; à Annebaut en Piémont.— Nice avait dans ses murs pour défenseurs Jacques Provana, sieur de Ligny, chef des mousquetaires, et Otton son frère qui commandait 600 cavaliers. Le pape donna 500 lansquenets à sa solde; Jean Sangio aména de Verceil quelques compagnies Espagnoles ; Louis de Castellar avait le commandement du château et le sieur de Montfort en était le gouverneur.

Du côté de l'armée Française, était Enghien qui commandait en chef. Le marquis de Baquincourt conduisait l'avant-garde, et Claude de Tende, l'arrière-garde. Dans le corps d'armée étaient les comtes de Tavanne, Rochechouart, Latour, Le Maine, Castellane, Pontevès-Carcès, le brave Raymond d'Eoulx avec les milices de Grasse, Antoine de Lascaris évêque de Riez, armé de pied en cap, Claude de Villeneuve-Vence, Gaspard de Grimaldi d'Antibes, à la tête de mille cinq cents hommes, Jean-Baptiste Grimaldi, seigneur d'Ascros, le seigneur de Villeneuve-Esclapon, le sieur Rosset de la Galinières, le sieur de Villeneuve-Vaucluse, noble Antoine Portanier de Cagnes, sieur de la Forêt, le capitaine Villiers, beau-frère du comte de Tende, Léon Strozzi aussi parent de Claude de Tende, chef des volontaires de Provence, le brave seigneur du Bar, le sieur d'Amirat, *Claude de Cormis*, Barberousse et le capitaine Paulin, Ali Drogul, lieutenant de Barberousse, Osman aga des janissaires.

Le cinq août, la flotte couvrait la plage de Nice. Tout ce qui n'était pas capable de porter les armes s'enfuit partie del'autre côté du Var, dans les montagnes, partie du côté du Col de Tende ou de la vallée de Lantosque. — Barberousse et le capitaine Paulin, entrèrent dans la rade de Villefranche. — Le 11 août, Enghein traversa le Var à Saint-Laurent.— La veille, on avait commencé à débarquer l'artillerie. — Mont-Alban et Montgros étaient déjà occupés par l'armée assiégeante. — On somma le gouverneur de rendre la ville. — Ce vaillant homme répondit : « Je me nomme Monfort, mes armes sont de pale, ma devise, *il faut tenir*. Avec l'aide de Dieu et le courage des habitants, je defendrai ces remparts, tant qu'il me restera un souffle de vie. » — Benoit de Grimaldi soupçonné de pactiser avec les assiégeants fut saisi et pendu au donjon. — Barberousse courut jusqu'à Oneille, pilla cette place, incendia Menton et Roquebrune. — Cependant on avait commencé les travaux d'attaque. Trois redoutes communiquaient ensemble par trois petits fortins : la première à Saint-Charles de 25 canons ; la deuxième à Montboron, de 28 canons ; la troisième à Montgros avec six couleuvrines et 20 canons. — Barberousse eut son quartier-général au couvent de Sainte-Croix ; Paulin à la Bourgade ; Tavanne, au quartier de St-Sebastien (Place Napoléon) ; Ali Drogut au pied du fort Sincaire ; Osman, au Limpia ;

Du 12 au 15 on tira sur la place plus de douze-cents coups de canon. La citadelle riposta et détruisit les ouvrages de Montboron. — Le 14, une partie de la tour Sincaire croula.

Les assiégés dans la ville s'étaient mis sous la protection de Notre-Dame-de-Nice. C'était la veille de l'Assomption. — Ils prièrent, ils jeûnèrent avec ferveur. La flotte lança le 15 août sur la ville 975 boulets.— Jean Papacini, Castellar, Barthélemy de Saint-Jean restèrent parmi les morts. — C'est dans cette circonstance qu'une femme du peuple, du nom de Catherine Ségurane, ayant aperçu les Turcs, monter à l'assaut du côté du fort Sincaire, abattit d'un coup de sa hâche le bras du Turc qui portait l'enseigne, et saisissant le drapeau se mit à crier l'alarme. Strozzi qui commandait l'assaut battit en retraite, et l'avantage resta de ce côté aux assiégés. — D'un autre côté le bastion Saint-François (hôtel-de-ville) était si endommagé, qu'il fallut bon gré malgré abandonner la ville aux assaillants (22 août) mais restait la citadelle.

Une partie des Turcs-Français s'était avancé en différentes colonnes pour envahir les montagnes de Nice. — Jean-Baptiste de Grimaldi, seigneur d'Ascros alla soumettre au roi de France les villages de la Tour, d'Isola, de Saint-Sauveur et de Saint-Etienne. — Entrame ayant voulu résister fut livré aux flammes. — Bonson, Gilette, Tourrette-Revest, Coaraze se soumirent — Tous les villages des environs de Nice furent pillés et dévastés par les fourageurs.

Cependant le feu avait recommencé contre la citadelle. Comme nous manquions de poudre et de munitions, nous fîmes venir d'au delà du Var ce que les communes en possédaient encore. — Les Français en furent bientôt complètement dépourvus, et d'Enghien en ayant demandé aux Turcs, Barberousse mécontent de ce que d'Enghien avait capitulé avec les Niçois pour la ville, fit répondre au capitaine Paulin que les Français auraient dû faire provision de poudre plutôt que de vin et de liqueurs. — Désunis et découragés, les assiégeants apprirent aussi que le duc de Savoie descendait du col de Tende à la tête de 7000 hommes. — D'Enghien sonna le rappel et la retraite. Il fit retirer ses canons. — *Barberousse* rappelant aussi les siens, entassa dans ses navires, pêle-mêle, tous les prisonniers et les bestiaux que ses gens lui avaient amenés de la montagne. Il y en avait jusque de la vallée de Lantosque et de Sospel.— Ils avaient de la vallée de Lantosque plus de cinq cents habitants, enchaînés deux à deux, comme des troupeaux d'esclaves. — Dans la nuit du 6 au 7 septembre, les Turcs se jetèrent dans la ville, au mépris des traités, et pendant la nuit, forcèrent les maisons, les églises, pillant, profanant. — Ils entraînèrent religieux, religieuses, jeunes filles, femmes, enfants des deux sexes, et mirent ensuite le feu à la ville. — On compte de 5 à 6 mille victimes, parmi lesquelles 200 religieuses; 60,000 ducats, furent enlevés au trésor public. —Les bateaux ainsi chargés s'éloignaient du rivage, quand la flotte Sicilienne accourût à temps pour délivrer les captifs et les ramener à Nice sous bonne escorte.

Le comte de Monterymont arrivait le 9 septembre, au moment où les troupes d'Enghien achevaient l'évacuation. Un combat acharné s'engagea même au Bari-Vieil. Le soir, les lansquenets de Monterymont entrèrent dans Nice, au cri de Vive Savoie! Le 11, le duc arriva accompagné du marquis de Vast; et dans la même journée André Doria amena sur sa flotte les bagages, l'artillerie, et un corps d'impériaux. — Barthélemy Gallean, premier consul, dans sa harangue au duc ne lui adressa que ces simples paroles : « Prince, voici ce qui reste de cette population fidèle qui a tout souffert pour garder ses serments. Nos plaies sont sanglantes et profondes; vos yeux les verront; vos bienfaits sauront les réparer.

Après avoir approvisionné le château et consolé ses fidèles sujets, d'autres événements rappelèrent promptement le duc et le marquis de Vast dans le Piémont. André Doria mit aussi à la voile pour Gênes.

Barberousse, à peine informé de leur départ, reparut dans la rade de Villefranche le 18 septembre, et jetant ses troupes sur le rivage, il leur fit gravir le mont Boron, 23 septembre. La garnison de Nice, aux ordres d'Erasme Gallean et de

6

Monterymont, malgré son petit nombre d'hommes, sortit de la ville et repoussa l'ennemi. — J.-B. d'Ascros était accouru du Var, pour seconder les opérations des Turcs, tandis que le bâtard de Gorbie et Gaspard Caïs, capitaines au service de la France, embarqués sur les galères de France, opérant, à la mer d'Ese, une descente de 2,000 hommes d'au delà du Var, s'emparèrent de ce village, et marchèrent sur la Turbie. Le gouverneur de ce château aidé des habitants éloigna les assaillants. Ceux-ci voulurent rentrer dans Ese; mais les milices des environs ayant à leur tête Joffredo prieur de Villefranche, et un autre prêtre du nom de Marcellin, forcèrent Gaspard Caïs et Bertrand de Gorbie, traitres Niçois, réfugiés dans l'église, à se rendre sans composition. Gaspard Caïs, conduit au château de Nice, fut pendu et écartelé; Gaspard Gorbie échappa au supplice par le suicide. — Nice délivrée se consacra de nouveau à la Sainte-Vierge et érigea en mémoire de ce siège célèbre la chapelle du Sincaire (1552). Le duc fit frapper une médaille de la Sainte-Vierge (1544), et depuis on célèbre chaque année le 15 août une fête commemorative. La statue de Catherine Ségurane fut placée au-dessus de la porte Periolière; et une rue porte aujourd'hui son nom.

— Il ne fut plus question du magnifique monastère de *Sainte-Croix* qui fut complétement détruit. — Les religieux obtinrent Cimiès des Bénédictins de Saint-Pons.

Charles-Quint avait encore l'intention de faire une invasion en Provence. La flotte méditait, le 16 février 1544, une descente dans le golfe de la Napoule. Nous y rassemblâmes un camp d'observation de 5,000 hommes, et toutes les milices des communes se tinrent prêtes au premier signal. — Enfin la bataille de Cérisolles amena le *traité de Crespy*, 15 octobre 1544. — Par une clause de ce traité, il fut convenu que le duc de Savoie s'entendrait avec le roi de France au sujet du comté de Nice.

VI.

Convention de Cagnes. — 1544.

De là, la *Convention de Cagnes*, le 6 décembre 1544. Aymar de Vaucluse et Henri de Courcelle au nom du roi, et Ludovic de Prey et Jean de Vilette au nom du duc, réglèrent les conditions par les notaires Henri d'Aix et Jean Achiardi, de Nice. François Iᵉʳ renonçait à toutes prétentions sur les comtés de Nice et de Barcelonnette. Nous dûmes avoir évacué sous 15 jours, Barcelonnette, Dosfraires, Guillaume, Gilette, Tourrette Revest et Gattières.—Cette convention qui devait porter le nom de *Cagnes*, était une marque de haute estime pour le seigneur de ce pays, de la part de François Iᵉʳ. Rappelons-nous que Gaspard de Grimaldi, pour prouver à son prince qu'il n'y avait rien en lui de la perfidie des seigneurs de Monaco, avait conduit au siège de Nice 1,500 hommes équipés à ses frais.

On peut regarder l'issue de cette guerre de la rivalité, si fatale à la France, et qui se continua après François Iᵉʳ, pour se terminer par la bataille de Saint-Quentin, comme un châtiment de Dieu. — Si la politique commandait à François Iᵉʳ de s'allier avec les Mahometans et les Protestants, sa religion le lui défendait. — La levée du siège de Nice et notre défaite à Saint-Quentin furent dans les vues providentielles, la double punition infligée à la politique de François Iᵉʳ.

Nous arrivons aux guerres de la réforme. — Il s'agit de voir la part qu'y prendront Claude de Tende et Claude de Cormis.

CHAPITRE IV.

—

ÉPISODE DES GUERRES DE RELIGION

—

LES FRÈRES MAUVANS ET CLAUDE DE CORMIS.

I

Claude de Cormis.

Cette famille de Cormis semble inépuisable en illustrations. *Pierre de Cormis*, aura pour fils *Claude de Cormis*, filleul de Claude de Tende, gouverneur de Provence. — Ce Claude de Cormis, sera jurisconsulte habile, guerrier comme ses aïeux, chéri de la famille de *Tende*, et très estimé de Henri IV. — Il tenait à nos pays par sa naissance, puisqu'il était né à Vence, et qu'il y avait des parents au chapitre, et à la commune. Jacques, sera notaire à Vence; Louis, Ier consul, et Jean de Cormis, chanoine. — Nous allons le voir jouer un rôle important dans la première période des guerres de religion en Provence.

II

Les frères Mauvans.

Au commencement du 16ᵉ siècle, vivait tantôt à Saint-Paul-de-Vence, tantôt à Castellane, noble Antoine Richieu, qui avait une partie de la seigneurie de *Malvans* près Vence, ou Mauvans, fief qu'il tenait de sa femme Catherine de Berre. Ses deux fils *Antoine* et *Paulet*, appelés les *frères Mauvans*, ayant pris du service dans les guerres de Henri II, étaient revenus à Castellane à la fin de 1559, un peu avant le traité de Château-Cambrésis, mais tout imbus des nouvelles opinions. Esprits remuants ils firent dans leur pays une active propagande, et se mirent à chanter chez eux les Psaumes de Marot et à y célébrer la cène avec leur mère, leurs parents et quelques autres amis, *vivant*, dit Pierre Louvet, à la *Huguenote*. Lorsque commença le carême, ils appelèrent un pasteur de Genève qu'ils opposèrent au moine Franciscain qui prêchait à la paroisse. On en vint aux querelles entre les habitants, et en mai 1559, trois catholiques restèrent morts dans la mêlée. Antoine ne se sentant pas en sûreté à Castellane, s'enfuit avec les siens dans la commune de Saint-André, lieu fortifié par la nature, et Paulet courut à Aix auprès de son protecteur Claude de Tende, gouverneur de Provence, et de Claude de Cormis, son ami, favori de Claude de Tende. — Sur la déposition des députés de Castellane, Paulet comprit que son affaire n'était pas bonne pour lui. — En effet, lui et les siens furent condamnés par arrêt de la cour d'Aix comme conspirateurs, rebelles, hérétiques. Paulet n'échappa à la mort que grâce à Claude de Tende, qui lui donna un sauf-conduit pour Paris.

Antoine, armé jusqu'aux dents, grossit ses trois cents hommes de tout ce qu'il put recruter d'hommes perdus, soit des autres communes, soit du haut-Comté de Nice et des vallées du Piémont ; et profitant de l'absence de l'évêque de Senez, vice-légat d'Avignon, qui avait lancé sur lui l'excommunication, il **vengea**, dit-il, les massacres de Cabrières et de Merendole, en portant la flamme et le fer dans cette ville ; les églises furent dévastées, les saintes hosties profanées, ... prêtres et fidèles massacrés ou mis en fuite. Il étendit ses fureurs aux diocèses de Glandèves, d'Embrun, de Castellane, de Fréjus, de Riez et de Grasse. — Il ne resta plus que cinq ecclésiastiques dans le diocèse de Senez.

C'est alors que dans leurs excursions furibondes une de ces bandes arriva jusqu'à Antibes, et ne pouvant pénétrer dans la ville, renversa sur son passage les croix et entre autres le monument élevé à la mémoire du valeureux *Raphaël de Cormis*.

Le brave Louis Bacchis de Saint-Estève, déploya un courage inutile. Emmanuel Philibert, fit fouiller en vain les vallées de Barcelonette, de Langogne et de Luserne ; les Vaudois augmenterent les rangs de Mauvans.

III

L'horrible assassinat.

Paulet avait trouvé des juges favorables à Paris, et obtenu que son affaire fut évoquée au parlement de Grenoble, réputé moins hostile aux Réformés. Mais Aix maintenant son arrêt lança un décret par lequel la tête de Mauvans était mise à prix. Ordre était donné à la maréchaussée de le livrer mort ou vif. — Ce que voyant, Claude de Tende fit proposer par le sieur de Cormis, une transaction à Antoine de Richieu. On choisit pour arbitres les sieurs Martin, de Barrème, d'Espinouse et de Demandoles, et le lieu de l'entrevue fut fixé à Flayosc. Antoine s'y étant acheminé voulut rendre visite à ses amis de Draguignan... Car cette ville renfermait déjà un certain nombre de Réformés. — Reconnu par un ecclésiastique, Antoine fut signalé au peuple qui savait que sa tête était mise à prix. Les enfants se mirent à crier au luthérien. — On fit même courir le bruit, qu'il était à Draguignan pour détruire les églises et abolir la messe. — Trois à quatre mille personnes envahirent la rue où habitait le sieur Martin, lieutenant de la sénéchaussée, chez qui se trouvait alors Antoine Richieu. Martin harangue la populace, et lui montre le sauf-conduit de Mauvans. Malgré la signature royale, et les supplications du lieutenant, on se jette sur lui, et on le met en pièces. — Premier crime qui en appelle un autre; et hors la loi, le peuple ne connaît plus de digues. — Antoine se voyant perdu, se constitue prisonnier sous la sauve-garde des officiers du roi. Mais on l'arrache de leurs mains, on l'entraîne dans la rue, on l'éventre, on lui arrache le cœur encore palpitant que l'on met au bout d'une pique. Les enfants traînent son cadavre dans toute la ville. — Son cœur fut jeté dans un toit à porc, son corps salé et envoyé à Aix, où on l'exposa devant la place du Parlement. Le protestant Giraud de Draguignan, recueillit ses entrailles dans un cloaque pour les inhumer en secret.

IV

La Vengeance.

Quand Paulet apprit cet horrible forfait, il entra en violent transport, et jura de venger son frère jusqu'à la dernière goutte de son sang, appelant à lui le ban et l'arrière-ban de tous les mécontents. — Il demanda en même temps justice au comte de Tende. — Les conseillers Esprit Vitalis et Henri Vétéris, chargés d'informer, ne furent pas favorables aux Mauvans.

Paulet se retira vers Castellane avec ses bandes ; puis alla à l'assemblée de Mérendol où il reçut le commandement en chef des Protestants du midi. Il se rendit à la conspiration d'Amboise, se trouva près de la Renaudie et combattit aux environs de Tours, Honoré de Tende, comte de Sommerive, frère de Claude de Tende. Il revint ensuite en Provence échouer devant Aix.

Claude de Tende se trouvait à son château de Villeneuve-Loubet, lorsque Esprit Vitalis vint, au nom du Parlement, le presser de passer l'Estérel.

Mauvans ayant manqué son coup devant Aix, courut avec ses trois mille hommes se jeter sur Draguignan. — Il y vengea amplement l'horrible mort de son frère. — Il monta de là à Castellane, et alla se retrancher dans la Baume de Sisteron. — Le comte de Tende et le capitaine Paulin de la Garde l'avaient prévenu dans cette dernière ville.

Mauvans, avait toutes les qualités d'un vrai chef de partisans : cœur ardent, esprit vif et pénétrant, intrépidité et grande connaissance de l'art militaire. Il électrisait ses soldats qui l'aimaient comme un père.

Claude de Cormis, qui nous a laissé ce portrait, avait fait avec les Mauvans les guerres du Piémont. Il les connaissait intimement. Il avait déjà engagé Paulet à déposer son ressentiment, et à prendre du service auprès du gouverneur de Provence. Mais celui-ci avait repoussé les offres les plus avantageuses. — Cette fois Claude de Cormis va encore aller lui

parler au Roc-Saint-André, de la part de Claude de Tende.
Laissons-le raconter. — « J'allai donc de Sisteron au Roc-
Saint-André. Lorsque nous eûmes échangé quelques paroles
de part et d'autre, je lui demandai ce qu'il prétendait faire
en prolongeant plus longtemps une lutte si acharnée. Vous
savez quelle estime professe pour vous le comte de Tende,
combien il est ennemi du sang. Vous n'ignorez pas quels
maux entraîne après soi la guerre civile. Le peuple manque
de pain, les champs sont en friche, la misère est partout, tout
est cher. Vos calices une fois mangés que vous restera-t-il? Dans
quelques jours vous n'aurez plus rien, car vous êtes cerné de
toutes parts. Vous portez les armes contre sa Majesté, contre
ses édits. »

Le roi pour tout Français, était alors un nom sacré. —
Aussi à ces mots: vous portez les armes contre sa Majesté;
Mauvans qui n'avait encore rien dit leva fièrement la tête, en
s'écriant : « Je ne suis pas un rebelle, je suis bon serviteur du
roi. » — « Est-ce moi qui en doute? répliqua de Cormis;
nous le savons et sa Majesté ne l'ignore pas. C'est pourquoi
remettez votre épée dans le fourreau. — Vous êtes un homme
de cœur. Parlez, que désirez-vous? Le comte de Tende vous
accordera ce que vous lui demanderez. » « Ce que je veux,
répondit Paulet, et des larmes roulaient dans ses yeux, je
veux justice pour mon frère, justice pour moi, je veux.... »
« On vous accordera tout. » — « Je veux liberté de conscience,
sûreté pour les miens, je veux qu'on me laisse un certain
nombre d'hommes armés pour ma défense. » — « Comptez sur
moi. » — Là-dessus on se sépara.

Claude de Cormis revint peu de temps après chercher Paulet. Celui-ci se rendit au camp du comte de Tende avec ses
officiers. Il portait sur ses traits quelque chose de grave et de
farouche à la fois qui imposait à ses ennemis mêmes. La no-

blesse lui rendit les honneurs, excepté Carcès, Flassans et Paulin de la Garde, qui affectèrent de ne pas le saluer.

Mauvans dit à Claude de Tende qu'il avait consenti à cette entrevue pour prouver au roi qu'il n'était pas un rebelle. — On lui accorda cent gardes pour lui, avec des appointements sur la cassette du roi. En sortant de cette audience, il s'entretint quelque temps avec l'état-major de Claude de Tende, et il ajouta en s'animant, qu'il avait son épée et sa vie au service du roi, mais qu'il saurait tôt ou tard se venger de ceux qui l'avaient calomnié. — Rentré au Roc Saint-André, il licencia sa troupe, dont il ne garda que cent hommes, et il se mit en marche vers Castellane. — Cependant le sieur de la Garde, qui avait des instructions secrètes des Guise, suivit Mauvans et le harcela près de Castellane. Mauvans furieux cria à la trahison. — Claude de Cornuis averti accourut pour le calmer. « Non, non, dit Mauvans, les prêtres et le peuple me mettent au rang des démons. » Il ne voulut plus rien entendre, et s'en alla à Genève, en attendant le moment de reparaître sur la scène.

V

Première guerre de Religion.

Depuis qu'après la mort de François II (5 décembre 1560), la reine-mère, Catherine de Médicis, régente du jeune Charles XI, flottait entre Guise et Condé, le parti protestant obtenait des concessions qu'on lui retirait pour en ajouter d'autres. — Une fois que le pouvoir est entré dans les concessions, il doit céder et ne gouverne plus. L'édit d'Orléans

1ᵉʳ janvier 1561, enhardit les Calvinistes; le colloque de Poissy, où se trouvaient les évêques de Vence et de Glandèves, ne fit que creuser l'abime. Le massacre de Saint-Médard, 29 décembre, fut suivi de l'édit de janvier et du massacre de Vassy, qui commença la première guerre civile, et inaugura pour le Midi l'année que les Dauphinois ont appelée *procellosum calamitosumque*. Que les historiens protestants, exagérant les faits et gestes des catholiques, si regrettables qu'ils soient, érigent en martyrs leurs adeptes, rien n'atteindra jamais les atrocités et les fureurs sacrilèges du baron des Adrets, et de toutes les bandes calvinistes du nord et du midi. — Nous n'excusons pas les partisans des Guise, mais ils étaient les premiers possesseurs, et ils agissaient à leur corps défendant. Ce qu'ils voulaient aussi, c'était la libre pratique de la religion.

Quand le comte de Tende, chargé de faire respecter le pouvoir royal, ordonna d'enregistrer les édits de *Fontainebleau* et de *juillet* trop favorables aux calvinistes, Durand de Pontèves, premier consul d'Aix, et frère du célèbre comte de Carcès, s'écria alors en pleine séance : « J'ai mon épée pour la foi. » Ne la portez-vous pas aussi pour le roi ? reprit vivement Claude de Tende. — Oui ! et pour la foi, je serais volontiers martyr ! Claude de Tende ajouta : « Les martyrs ne sont pas rebelles au roi. — Flassans reçut depuis lors le surnom de chevalier de la Foi. — Aussitôt se forma l'union des chevaliers de la Foi, qui mirent à leurs chapeaux une plume blanche et des plumes de coq; et tous courant aux réformés qui se trouvaient à Aix, ils pendirent au *grand pin* ceux qu'ils purent saisir. A Dieu ne plaise que nous ne flétrissions pas de pareilles horreurs !

Claude de Tende, indigné, appela à lui contre cette ligue toutes les communes et les seigneurs dévoués au roi. Il établit d'abord son quartier général à Manosque (mai 1562). — Claude de Villeneuve, baron de Vence, vint l'y rejoindre avec une compagnie de 300 braves. — Le seigneur de Grasse du Bar, le seigneur de Villeneuve-Tourrette-Vence firent de même. — Il se transporta de là à Mauvans, près de Sisteron, d'où il envoya un exprès à Paul Richieu, afin qu'il lui amenât ses fidèles compagnons.

Les chevaliers de la Foi, dénoncèrent Claude de Tende au roi et à tous les catholiques, comme pactisant évidemment avec les Calvinistes. — A l'ordre de Carcès, le 1er consul de Grasse, le capitaine Mazin, leva une bande considérable ; Honoré de Grasse-Briançon fit de même. — Tous les chefs catholiques ayant leurs enseignes aux armes Pontificales, et portant un chapelet au cou, se mirent en campagne. Brignolles et Tourves furent mis à feu et à sang. — Ce qu'apprenant Claude de Tende, dépêcha du camp de Mauvans les sieurs Senas et Paul Richieu vers les chevaliers de la Foi. — Le féroce baron des Adrets et Saint-Auban, parurent aussi sur la scène. — Entre autres places, ils prirent Barjols, dont-ils saccagèrent les églises. — Sept chanoines furent jetés dans un puits ; le viguier et les consuls furent conduits à Aix, où ils furent pendus. — Le comte de Tende, effrayé de tant d'excès et de vengeance, chargea Jacques de Saluces d'aller arrêter le carnage. — Il y eut un point d'arrêt.

Les troubles reprirent à Aix, à la journée des Epinards, fête de Saint-Marc. C'est ce qui décida Catherine de Médicis à nommer pour lieutenant en Provence, Honoré de Tende, fils du gouverneur Claude de Tende, ardent partisan des Guise. On vit alors, chose inouïe, le fils opposé au père dans le même gouvernement.

Claude de Tende leva contre son fils, et contre les Carcistes une nouvelle armée toute composée cette fois de protestants. Il confia la cavalerie à René de Cipières, son autre fils ; l'infanterie à Cardé, son gendre; il eût près de lui, outre les seigneurs nommés plus haut, Jean de Riquety, sieur de Mirabeau, Joseph de Giraud, seigneur de Carros, Claude de Villeneuve, baron de Vence, le comte du Bar et tant d'autres de nos pays. — Des bandes parties du Broc et de Saint-Jeannet, racontent les registres du conseil Vençois (juin 1562), et qui sont de la nouvelle opinion parcourent la campagne. Il est défendu aux chefs de poste d'ouvrir à qui que ce soit à moins qu'il n'ait un ordre du capitaine du Roi. On ne recevra aucun homme portant les armes, pour obvier à quelque surprise et voie de fait. La ville ne reconnait que le comte de Sommerive et son lieutenant Honoré de Grasse Briançon. — Le 31 juillet, mille hommes venant de Nice à Vence et se rendant au Mées, où est le rendez-vous des *troupes catholiques*, portent le nom de *compagnie* de N. S. Père le Pape. Ils ont pour capitaine César Trapani. — Les gens de Carcès après avoir pris leurs représailles de Barjols sur la ville d'Orange étaient accourus à Sisteron, que gardaient Mauvans, Sénas et le 1ᵉʳ consul, Jean de Riquety, sieur de Mirabeau, (fin juillet).

Le 28 août, on attaqua Sisteron. — C'est dans une sortie des Réformés que *Mauvans* tua la Verdière et appela le *comte du Bar* pour l'achever. — Le 13 septembre la ville fut prise. — *Mauvans*, déguisé en mendiant, se sauva de nuit, gagna Grenoble, Lyon et Genève. — Un corps de quatre mille hommes se dispersa par toutes les vallées, et se trouva à Grenoble au rendez-vous général (27 septembre). — D'autres essayaient de regagner leurs foyers, mais comme à Vence, la commune décidait : « Il est défendu de donner vivres, et bailler ayde ou faveur à ceux de la nouvelle religion conformément aux édits du Roi et au mandement de MM. Sommerive et de Briançon. — Le 21 octobre, les Vençois envoient des députés à Honoré de Tende, avec un présent, et l'assurent de leur fidélité. — Selon ses instructions, ils se forment en dix compagnies pour appréhender au corps les *vagabonds et gens armés* (26 octobre). — Tout suspect de la nouvelle religion ne peut entrer dans la ville ou faubourg ; et ni père, ni frère, ni voisin, ni domestique ne peut les accueillir, recéler dans leurs maisons, bastides, terres, vignes et possessions. »

Comme des bandes couvrent les collines d'Aspremont, sur la rive gauche de Nice, on envoie un exprès pour voir ce que font les *Huguenots* de ce côté-là.

Le baron de Vence, Claude de Villeneuve lui-même enveloppé dans cette proscription, tourne autour de sa seigneurie, et se recommande au seigneur d'Antibes, son beau-frère, lequel envoie chercher le 1ᵉʳ consul de Vence, pour lui adresser ses réprimandes.

Pourtant du nord au midi le parti catholique gagnait des victoires. — A Dreux (19 décembre 1562), François de Guise avait été surnommé le Macchabée des catholiques. — C'était assez de gloire. Le parti protestant l'assassina devant Orléans (21 février 1563). La paix d'Amboise, la clôture du concile de Trente, la majorité du Roi, le commencement de la nouvelle année fixée désormais au 1ᵉʳ janvier, et la fin de la Iʳᵉ guerre civile appartiennent à 1563.

Le Parlement d'Aix, pourtant ne voulait pas enregistrer les édits du Roi. Il fut suspendu. — La reine dut venir en personne avec toute sa cour pour amener une réconciliation et un apaisement des esprits. Ce qui eut lieu du moins momentanément (octobre 1564).

VI

Deuxième guerre de Religion.

La mort de Claude de Tende, mit le gouvernement de la Provence aux mains d'Honoré, son fils, (23 avril 1566).

La seconde guerre civile enflammait le Nord. Les protestants avaient voulu enlever le Roi à Meaux. La veille même du complot, Charles IX, écrivait, 28 septembre, à Honoré de Tende, qu'il rompit les *desseins perfides des ennemis de l'État.*

Tandis que Condé vaincu à Saint-Denis et réfugié dans la Bauce, faisait un appel à tous les réformés de France, *Mauvans et Cipières* avaient repris Sisteron. —Les hostilités, malgré la paix de Longjumeau (23 mars 1568), recommencèrent quelques mois après. — Le rendez-vous général des protestants du Midi est à Besse.

René de Cipières, avec sa troupe recrutée dans le haut Comté de Nice, passait le Var *fin juin*, 1568. Il était escorté d'une quarantaine de cavaliers. Arrivé à Fréjus, dont Gaspard de Villeneuve, baron des Arcs, avait le gouvernement, et Bertrand de Romans, le siége épiscopal, René fit séjour pour prendre quelque repos. — Il marchait en avant, quand il apprit que le seigneur des Arcs l'attendait sur la route pour tomber sur lui.— Étant donc rentré dans la ville, il y fut bientôt suivi de son ennemi qui était en forces.— Le peuple, excité par le marquis des Arcs, sonna le tocsin, courut à la maison où logeait Cipières, et cria: mort aux Huguenots. — Le baron voulut parler de sa fenêtre, mais il ne fut pas écouté. En vain les consuls le prirent sous leur sauve-garde. — Le peuple vociféra encore plus. En attendant, on fait mains basses sur ses gens, et le sauve qui peut commence. Après la mêlée, le marquis des Arcs ayant fait la visite des morts et n'ayant pas trouvé le corps du sieur de Cipières, se douta que les consuls l'avaient fait cacher. Il le leur demanda, en jurant qu'il ne lui serait fait aucun mal. — Sur sa parole, les consuls finirent par le lui livrer ; mais le peuple qui le croyait assassiné, ayant vu qu'il était encore vivant, força la maison.

René, crut qu'en se montrant il calmerait l'effervescence. Entraîné, il tomba percé de cent coups de poignards, au milieu de sept ou huit des siens qui étaient restés auprès de lui.

On a prétendu que le marquis des Arcs, voulut se rendre agréable à Honoré de Tende, frère de Cipières; en l'en débarrassant, qu'il ne fut pas plus inquiété, que les habitants de Fréjus. — Le samedi, 3 juillet, le cardinal Strozzi, archevêque d'Aix et parent de René, demanda justice à la Cour du Parlement. On envoya deux conseillers à Fréjus.... Mais qu'attendre au milieu de cette tempête, de tous les vents déchaînés ? — René, disait-on, avait reçu son châtiment : que René se rendait, contre les édits du roi, avec 40 cavaliers à l'assemblé de Besse ; que d'ailleurs, il était tombé victime d'une sédition populaire. On ajoutait qu'il combattait contre son frère le gouverneur de Provence, contre la religion; qu'il était entré naguère à Sisteron en compagnie de Mauvans...

Mauvans se trouva à Besse le 12 juin, et partit de là dans le Languedoc pour combattre le duc de Montpensier. — Il rencontra les catholiques à Marsigny, près Perigueux; et s'étant aperçu qu'il était environné par le nombre, il tua son cheval; d'autres prétendent qu'il se fit lier sur son cheval, afin de s'ôter tout moyen de fuir, et frappant de droite et de gauche, il succomba le 30 octobre 1568 avec deux mille des siens. — Le parti protestant perdait dans cette seule année deux de ses plus valeureux capitaines en Provence : Cipières et Mauvans.

Un neveu de Mauvans, Pascal Arnaud d'Entrevènes, épousera sa haine et ses vengences.

CHAPITRE V.

CLAUDE DE VILLENEUVE, CALVINISTE, BARON DE VENCE ET SCIPION SON FILS.

I

Antoine de Villeneuve-Vence et son fils Claude.

Claude de Villeneuve, baron de Vence, naquit à Gréolières, en 1519, d'Antoine de Villeneuve, baron de Vence et de noble demoiselle Louise de Russan.

Son père s'était distingué dans les guerres de la rivalité. Mais il avait déjà puisé le venin des nouvelles opinions dans son contact avec les troupes Allemandes. — Ses luttes contre son évêque Nicolas de Jarente, terminées à Aix par une transaction qui n'était pas à son avantage, 8 février 1544, ne l'avaient pas peu contrarié. — On voit déjà près de lui à cette époque un certain nombre d'hommes qui donneront tous

7

dans le Calvinisme : Isnard de Colmar, son bailly, Raphaël du Russan, écuyer de Torenc, François de Simiane, écuyer de Manosque, Fouques Tombarel, dit Brandis de Gréolières.

Claude son fils ainé se forma sous lui au rude métier de la guerre. Quand il n'avait encore que 18 ans, il combattit avec un rare courage les Impériaux (1536). Il se tint avec un détachement au Pont de Cigale, tandis que son père montait à Séranon et revint ensuite harceler l'ennemi jusqu'à Marseille.

En 1558 il fit partie de l'escadre de Carcès et poursuivit les Sarrazins qui avaient brûlé la ville de Minorque : il aida même à délivrer cinq mille captifs emmenés par ces corsaires. — Sa valeureuse conduite fut récompensée par le titre de chevalier de l'Ordre du Roi.

En 1559, il protégea le pays contre la bande des Mauvans : leva à ses frais, en 1562, trois cents hommes pour combattre près de Claude de Tende, et se distingua le 28 août, de la même année au siége de Sisteron.

Il resta toujours Carciste, durant la guerre des Carcistes et des Razats, quoique sincèrement attaché au Roi.

Rien n'est émouvant comme la lutte qu'eût à soutenir Claude de Villeneuve contre ses sujets de Vence. Ayant acquis de l'évêque de Vence, Louis de Grimaldi, sa moitié des juridictions temporelles pour l'ajouter à la sienne, il se trouva le seul seigneur du lieu. Mais le chapitre et la commune, qui était toute dévouée à Retz et au Grand Prieur, repoussèrent le seigneur Calviniste, et on en vint aux mains dans la petite ville. — Les Vençois, ardents Razats, prirent un nom qui leur devint tout spécial, ils se nommèrent *Guiscards* ou *Guisards*, et forts de l'appui de Retz et du Grand Prieur, ils obtinrent du Roi l'annulation de l'acte d'acquisition de leur baron, et acquirent cette juridiction temporelle.

Deux ans entiers, ils répandirent la terreur dans la contrée, massacrant en pleine rue les partisans de Claude de Villeneuve. Ce ne fut qu'en 1578, au moyen de la paix négociée par le même baron de Vence, entre les Carcistes et les Razats de la Provence, que les Guiscards de Vence traqués et vaincus, succombèrent enfin, et que le baron rentra dans son château.

II

La Ligue en Provence.

Claude est Calviniste, mais il tient au parti Royal. — Nous le voyons avec le sieur de la Valet̃e en 1585. — Il est nommé par lui gouverneur de Grasse. — C'est en cette qualité qu'il commande un corps d'armée à la bataille d'Allemagne, et qu'il y montre un rare courage (24 août 1586); il reprend Vernon le 29 juin 1589; s'il cède devant le nombre au siége de Grasse, il capitule honorablement (26 novembre 1589).

Il fut un des héros de la bataille de Vinon (15 décembre 1591), et dans le rapport adressé à Henri IV, le général en chef fit si bien valoir ses belles qualités militaires et son dévouement à la cause royale, que le Roi, plein d'admiration pour ses services, lui donna le titre de commandant en chef de la Haute Provence et de gouverneur de la sénéchaussée de Grasse et de Draguignan (9 février 1592).

Quelques semaines après, s'étant rendu au siége de Paris, au moment où il allait recevoir de nouvelles récompenses, il voulut, traverser la Seine pour aller combattre de l'autre côté un mouvement qui se faisait contre le Roi, quand il se noya malheureusement (mai 1592).

Telle fut la fin de ce grand capitaine. Mais revenons sur

nos pas, pour raconter un des faits, où brilla le plus son courage, quoique non couronné du succès, je veux dire le siége de Grasse en 1589.

III.

Siége de Grasse.

De Vins, gendre de Carcès, chef de la Ligue en Provence, qui nous vendit et nous donna à la Savoie, passa l'Estérel à la fin d'octobre 1589, pour se mettre à la tête des troupes qui venaient de Nice. Carcès posté à Antibes, tendait la main aux troupes qui arrivaient du Var. — Ampus, amena 1500 hommes du régiment d'Amédée de Savoie, les lanciers du sieur de Nova, six pièces d'artillerie, et il remit de plus à de Vins douze mille écus. Avec ces secours, de Vins s'assura tout le bassin du Var, mais restait Grasse, défendue par le parti royal. Claude de Villeneuve en avait le gouvernement ; près de lui se montraient les sieurs de Taulane, 1er consul de Grasse, Grasse-Cabris, Callian, Montauroux, Prunière, le capitaine Audibert.

Une discussion éclata dans le conseil entre le baron de Vence, gouverneur royal, et le 1er consul, à savoir qui des deux donnerait le mot d'ordre. — Claude de Villeneuve céda, et Taulane donna le mot d'ordre.

Le 5 novembre les Ligueurs cernaient la place et, le 14, ils faisaient tonner leurs six pièces d'artillerie contre les murailles que défendaient mieux les assiégés que leur solidité. — Depuis 1536, elles n'avient pu être complètement rétablies.

Cependant, dit la chronique, une vieille femme se présente au camp du chef de la Ligue. — On ne put savoir ni quel était son nom, ni d'où elle venait. — Elle demandait à parler au général en chef. — Le baron de Vins ordonna qu'on la lui amenât. — Lorsqu'elle fut en sa présence : « Mon bon monsieur, lui dit-elle, je vous conseille de ne pas vous obstiner à cette mauvaise entreprise. Vous savez que vos ancêtres sont nés dans cette ville, Dieu m'a révélé que vous y périrez très certainement. » Le baron de Vins rit beaucoup de la bonne vieille, en la congédiant, et le siége se continua sans incidents, quand le lundi, 20 novembre, à neuf heures du matin, un chasseur de l'armée de Vins voulant essayer un fusil de neuf pans de long, le mire sur un homme couvert d'une casaque rouge qu'il ne connaissait pas, et qui était seul au canon, et il l'atteint juste au milieu du frond. — C'était le général en chef. Il tomba raide, sans que du camp on ne s'en aperçut d'abord ; mais à quelques instants de là, on connut la triste vé- rité : on chercha d'où venait le coup, on crut à la trahison, et on murmura contre La Manon, contre tous, de ce qu'on avait laissé le général aller seul. Quel deuil pour les Ligueurs! — La bonne vieille avait eu raison. — La Manon conjura si bien les chefs et les soldats de ne pas ébruiter cette mort, que tous comme un seul homme, gardèrent jusqu'à la fin le secret le plus profond. — Rien ne transpira. — Le sieur de Leiny, Provana, accourut de Nice pour prendre le commandement de l'armée assiégeante, avec le second consul d'Aix, le sieur de Baumont.

Les assiégés, voyant ce redoublement de fureur dans l'at- taque s'engagèrent tous à résister jusqu'à la fin. Le sieur de Callian, eût une main coupée par un boulet; Tanaron, perdit la vie le 25 novembre. — Claude de Vence, quoique blessé, fit plusieurs sorties glorieuses, et vers la brèche ouverte, se défendit comme un lion. — A mesure qu'on ouvrait le rempart, les Grassois élevaient derrière un autre retranchement. — Les

Ligueurs avaient aussi occupé une tour ; mais une bande de citoyens déterminés les en chassa, l'épée à la main. — Enfin, le 26 novembre, la place était tellement ouverte qu'on comprit qu'il n'y avait plus de résistance possible. — Quelques-uns voulaient pourtant qu'on se retirât derrière les anciens remparts, en attendant les secours de la Valette. — Mais la Ligue avait intercepté les chemins. — On en vint à parlementer. Leiny, se montra facile. La garnison sortit tambour battant, mèche allumée, et enseignes déployées (26 novembre). — Les vainqueurs devaient se tenir à un quart de lieue de distance pour empêcher toute collision. — On se donna des ôtages.

Prunière sortit le premier, par la route de Fréjus. — Quand il était dans la tente du seigneur de Leiny pour le saluer, il entendit un grand tumulte au dehors. La Manon avait insulté ses hommes. — « Voilà, s'écria le sieur de Canaux, pour avoir cédé à ces gens-là ! Aux armes ! » Il y en eût une vingtaine de tués. — Après les excuses du sieur de Leiny, Prunière se retira vers Fréjus. Un gentilhomme cherchant encore querelle à Canaux : « S'il passe le quart de lieue, dit-il à ses soldats de Gourdon, tirez dessus. »

Tout préparait les voies à la domination de Savoie en Provence, rêve de cette maison. — Grasse sera soumise à la Ligue et à la Savoie jusqu'à la fin de l'année 1596.

IV

SCIPION DE VILLENEUVE-VENCE ET SIÉGE DE VENCE
(1592)

Scipion de Villeneuve, hérita du courage et de l'épée de

son vaillant père. Il sera l'un des hommes les plus illustres de son temps en Provence. Il avait fait ses premières armes sous le nom de chevalier de Vence ou de Gréolières. En 1592, nous le trouvons près de Lesdiguières. — Les Royaux ont repris Draguignan, Le Muy, Cannes, Antibes *aux Ligueurs-Savoyards.* — Il s'agit de soumettre Vence, et de châtier cette petite ville rebelle à son roi, et à son baron Scipion de Villeneuve. Nice se mettait en état de défense. Il relevait, le 27 mai, les retranchements de Bari-Vieil et du petit Saint-Laurent. Les milices de Sospel y étaient postées. — Le comte d'Oraison, oncle du comte du Bar, parti d'Antibes, s'avança jusqu'au Var et explora le pays, tandis que Scipion de Villeneuve, baron de Vence, se logea à Cagnes. — Le 29 mai ses sujets de Vence, effrayés, lui envoyèrent une députation *des plus principaux* pour lui faire la *remontrance* que *doyt* son bon plaisir les soulager de toute sa puissance, et avoir *compation* de son pauvre peuple.

Scipion répondit qu'il était sous le commandement de Monseigneur de Lesdiguières, en grandes forces à Antiboul, qu'il fallait aller le prier et qu'il était lui-même disposé à les y accompagner. — Ce qui eut lieu en effet. Mais Lesdiguières fit enfermer les députés, et comme l'on avait déjà décidé, on s'avança sur Vence. — Les Niçois, craignaient qu'il ne marchât de Cagnes sur leur ville; on faisait courir le bruit qu'on l'avait vu du côté de la Lanterne, et l'on avait envoyé à Saint-Barthélemy, le comte Jérôme de Scalingue, avec 1,500 argoulets. C'était le jeudi, 4 juin. — Mais on sut que c'était 600 cavaliers qui avaient passé le Var, et que Lesdiguières était au pied des murs de Vence.

500 soldats sous la conduite des capitaines Sallinas et J. de Laure, et 200 habitants s'étaient enfermés dans cette petite

place de guerre, résolus de résister jusqu'à la mort. Ils n'ignoraient pas quelle terrible vengeance on tirerait d'eux, s'ils ouvraient leurs portes. — Ils tentèrent donc le sort de la guerre dans une ville *non tenable au canon*, selon l'expression de Guillaume-le-Blanc, et mirent en Dieu et dans leurs saints Patrons toute leur confiance et leur unique espoir.

 ipion et Lesdiguières n'avaient pas oublié que cette petite ville avait été autrefois un des foyers des Razats, qu'elle s'était montrée constamment rebelle au roi, à ses seigneurs, et qu'aujourd'hui elle tenait pour la Savoie et pour la Ligue.

Hommes, femmes, enfants barricadèrent la bourgade, fermèrent les portes; et quand le 4 juin au soir, les 7 ou 8 mille hommes de Lesdiguières investirent la ville du côté de Saint-Michel et de la Cabraira, les vieillards, les femmes et les enfants se réfugièrent dans l'Eglise, et devant les bustes de Saint Lambert et de Saint Véran, exposés sur les autels, prièrent avec ferveur. Le capiscole, Dominique Laure, régent du collége et frère du capitaine Jean-Baptiste, allait de la ville à l'Église, encourageant les uns et les autres de sa brûlante parole : «Ayez confiance dans vos saints Patrons, Lambert et Véran, je vous l'assure, croyez-moi, la ville ne sera pas prise.»Les soldats et miliciens s'animèrent au combat.

Le baron de Vence, oubliant la mort malheureuse de son père, plaisantait avec Canaux et le Bar, et criait à ses sujets : « Mettez donc une arquebuse aux côtés de vos Saints, nous verrons s'ils sauront vous défendre !... Allons, visons droit au clocher et qu'il tombe du premier coup de canon. »

C'étaient des railleries sur la crosse et sur la mitre épiscopale, sur les foudres d'excommunication; il riait qu'une aussi petite ville fit mine de soutenir un siége. — Cependant le canon gronde du côté le plu vulnérable de la place. Les assiégés y répondent le mieux possible avec leur bombarde et leur petite pièce d'artillerie. L'action chauffe de plus en plus, le 5 et le 6 juin. — Chose étonnante, les boulets et les balles rebroussant chemin des remparts, vont frapper les assiégeants. — Le capitaine Sallinas et Jean-Baptiste Laure dans deux brusques sorties, font éprouver des pertes considérables à Lesdiguières. — Une femme même, autre Suzanne, s'était offerte de se rendre auprès de Scipion pour l'immoler. — Enfin, par une assistance manifeste des saints Patrons, la panique se mit dans l'armée assaillante, et le 7 juin, sans rien dire, Lesdiguières, ne voulant sacrifier ni ses hommes ni son temps devant une si petite place, décampa de nuit, et courut vers Antibes, après une perte de cinq cents des siens. — Sans doute il venait d'apprendre l'entrée du duc de Nemours dans le Dauphiné.

Les Vençois n'en crurent pas d'abord leurs yeux, mais, par leurs coureurs ayant acquis la certitude que l'ennemi avait levé le pied, soldats et citoyens s'embrassèrent en versant des larmes de joie. — On recueillit les balles et l'on remarqua qu'elles étaient toutes aplaties. On les déposa comme pièce de conviction sur les autels de Saint Véran et de Saint Lambert. — Sur une pierre des remparts, où eut lieu le plus fort de l'attaque, on lit encore gravé: 1592. — Une partie de la place Saint-Michel a gardé le nom de Clos de Laure, en mémoire du capiscole et du capitaine. Le 10 juin, le duc de Savoie fit complimenter la petite ville de Vence, et lui en envoya des secours en vivres et en argent. Salinas, commandant des troupes catholiques, fut chargé d'estimer les dommages et brûlements faits tant au faubourg qu'aux murailles.

Comme on craignait quelque tentative sur Saint-Paul, les capitaines Rochon, Emery vinrent du Broc, de Gattières et de Carros pour se joindre au capitaine Jean-Baptiste Laure, et s'avancèrent vers cette ville. Sallinas croyait aussi que Lesdiguières n'avait pas renoncé à ses projets sur Nice ; c'est pourquoi il fit trainer, le 14 juin, l'artillerie à Cagnes et à St-Paul, et pour mettre Vence à l'abri d'un coup de main, il ne lui demanda que 24 hommes tout équipés, lui laissant le reste pour se garder des Royaux de Saint-Jeannet, de Tourrettes, de Gourdon, du Bar et de Malvans qu'ils occupaient.

Mais à peine eut-on appris que Lesdiguières avait franchi l'Estérel, que le duc de Nemours menaçait le Dauphiné, le duc d'Avalos sortit de Nice, prit au Cros-de-Cagnes trois canons, et recouvra Antibes le 16 juin. Des troupes arrivées du Piémont se disposaient à reprendre l'offensive. Elles étaient commandées par Aymon de Scalinge, comte de Piossaque, par François de Ville, Martinelle et Troïle. Le vice-roi de Naples amenait des munitions sur huit galères. — Le marquis de Trans, parti de Nice conduisait à Aix des renforts pour la Ligue.

Nous n'entendons plus pour le moment parler du baron de Vence, Scipion de Villeneuve, si ce n'est par l'évêque de Vence qui lui écrivit le 8 juillet au château de Gréolières. Il remit son épée dans le fourreau, opéra sa réconciliation avec les catholiques en épousant la fille du marquis de Trans. Il garda pourtant son titre de colonel des armées du roi, acheta une charge au Parlement de Provence, devint premier consul d'Aix, et contribua par son courage à mettre fin à la guerre de Cascaveous. Le duc de Guise, l'eut en si grande estime, qu'il le nomma commandant de tout le pays de la frontière du Var, dans la guerre contre l'Espagne. — Il mourut à Vence dans les sentiments les plus religieux, le samedi 18 août 1635. — Son testament est une page de charité évangélique. Il veut que les pauvres accompagnent son convoi un brandon à la main ; et il leur fait un legs considérable en pain, en vêtements et en argent.

CHAPITRE VI.

—

HENRI DE VILLENEUVE-MONS,
SEIGNEUR DE GAUD ET DE MONS, DIT LE CRUEL.

—

I

Les Villeneuve-Mons.

Le châtiment de Dieu, dans les guerres de religion, s'exerce tout autant sur les calvinistes que sur les mauvais catholiques. — Il s'agit dans ce récit d'un Ligueur que ses contemporains ont surnommé Henri-le-Cruel.

Henri était seigneur de Gaud, et de Mons.

Honoré de Villeneuve, baron de Tourrettes-Fayence eut de Blanche de Grimaldi, Jean de Villeneuve I, qui lui succéda, et *Gaspard* qui fit la branche des *Villeneuve-Mons.*

Gaspard eut pour fils *Henri-le-Cruel,* marié avec une sicilienne, Constance de Fernandès, et *Antoine de Villeneuve,* sieur de la *Berlière,* dont le fils *Jacques,* épousa *Esprite de Villeneuve-Torenc,* et fut en 1588 gouverneur de Saint-Paul.

Le parti calviniste de Mons avait assassiné son seigneur Gaspard dans une révolte. Henri, son fils, écoutant plutôt son ressentiment que la parole de l'Evangile, jura de venger son père, et il devint barbare. Il ne manquait pas de valeur. L'un des plus braves capitaines de l'armée du baron de Vins, il s'était signalé à la bataille d'Allemagne et avait opéré une belle retraite au milieu des plus grands dangers, 24 novembre 1586. — Mais catholique à la manière du duc d'Albe, il ternit sa bravoure par un caractère altier et vindicatif. Ses soldats le redoutaient plus qu'ils ne l'estimaient, et l'on peut dire qu'il y avait en lui un mélange de sang sicilien, dont il n'avait gardé que *la vendetta*.

II.

Le Massacre de Mons.

Nous arrivons à l'année 1590. — Henri-le-Cruel que l'on appelait le sieur de Gaud, n'a pas quitté le parti de la Ligue, et il compte parmi les premiers capitaines de Charles-Emmanuel de Savoie, proclamé chef de la Ligue en Provence. Il y a avec lui le comte du Bar et Saint-Just.

C'était au mois d'octobre. — Les Ligueurs avaient occupé Antibes, démantelé le château de Gréolières. — Le sieur de Gaud rappelant au duc de Savoie l'assassinat de son père, le conjure de venir l'aider à reprendre *Mons*. — Le duc consent... et on se met à traîner le canon dans des sentiers presque inaccessibles, jusqu'à Mons. — Ce pays, situé sur la rive gauche de la Siagne, au nord de Saint-Césaire, était défendu par sa position inexpugnable autant que par son enceinte murée. — Hommes, femmes, enfants avaient travaillé à s'y retrancher fortement, d'autant plus qu'ils n'avaient à attendre aucun quartier de Henri-le-Cruel. — Ils s'étaient préparés à une lutte désespérée. — La haine qu'ils avaient pour leurs seigneurs, n'avait contribué qu'à les rendre plus calvinistes. — Trois semaines consécutives, ils vont retenir l'armée des Ligueurs sous leurs murs. — Les femmes font bouillir de l'huile et la jettent sur la tête des assaillants, pendant que les enfant lancent des pierres, et que les hommes se multiplient sur les remparts. — Mais les provisions étaient épuisées, le canon faisait brèche, et force fut de capituler. Charles-Emmanuel, en face du courage déterminé des Monsois, promit la vie sauve aux habitants, pour ne pas être retenu plus de temps au pied de cette forteresse.

Les Monsois ouvrirent leurs portes, mais voici, que traître à la foi jurée, et au mépris du droit des gens, Henri-le-Cruel, aidé du sieur de Saint-Just, se met en devoir d'exécuter, lui aussi, ses serments implacables. — Il fait prendre les principaux citoyens et attacher à la potence sous ses yeux. Quand il en eût expédié quatre à un alisier de la place, et quatre encore à des barreaux de fer d'une fenêtre, il ordonna de mettre des poutres en travers de la rue, et continua à donner aux habitants terrifiés le spectacle de ces horribles représailles. — C'étaient pour les mânes de son père..... le malheureux ! En vain les femmes et les enfants se jetaient aux pieds des bourreaux et tendaient leurs mains vers le seigneur de Gaud : « Frappez-nous, s'écriaient-elles, frappez-nous, mais au nom du Christ qui pardonne, épargnez nos maris. » Et leurs prières se changeaient en imprécations et en menaces.

Le seigneur restait impassible. Les femmes redoublaient leurs cris, puis s'approchant de leurs maris, elles leur montraient le ciel, les encourageaient dans ce suprême moment, montaient elles-mêmes sur l'échelle pour les embrasser et leur suggérer d'ardentes prières, à mesure que le bourreau les lançait dans l'éternité. — Déjà on était arrivé à la vingt-cinquième exécution, lorsque le comte du Bar courut avertir le duc de Savoie, qui n'accorda merci qu'à la condition expresse de lui compter 20,000 écus. Il fallut promettre cette somme, et le duc ne fit pas moins saisir une partie des principaux citoyens, comme ôtages ou prisonniers de guerre, qu'il envoya dans les galères de Nice.

Le sieur de Gaud avait vengé son père, mais la justice de Dieu l'attend. — Que l'assassin de Mons poursuive sa marche jusqu'à Aix, qu'il y soit nommé par le duc de Savoie, gouverneur de Grasse (ordonnance du 15 janvier 1591), nous allons le suivre dans cette ville avec la pointe des remords qui l'aiguillonne.

III.

Un autre crime du seigneur de Gaud.

—

Le sieur de Gaud commandait à Grasse par la terreur.

Un jour que les chevau-légers étaient allés bûtiner, ils gardèrent tout pour eux, sans donner le dixième qui revenait de droit au gouverneur. — Henri-le-Cruel, toujours vindicatif, ne chercha plus que l'occasion d'en manifester son ressentiment au capitaine de cette compagnie.

Esprit Perreimond, sieur de *Villeplane*, de Draguignan, était le capitaine des chevau-légers. — Il avait un frère, nommé Frédéric, qui avait épousé à Saint-Paul la fille du sieur de la Berlière. — Il y avait une sorte d'affinité entre le capitaine *Plana* et le seigneur de Gaud.

Un paysan à qui les chevau-légers avaient volé son mulet, vint, sur ces entrefaites, porter plainte au gouverneur. Celui-ci, saisissant aussitôt cette occasion de montrer son mécontentement au capitaine Plana, ouvre une enquête, arrache l'aveu des voleurs du mulet, et ordonne au capitaine Plana de chasser immédiatement ces gens-là de sa compagnie. « Voulez-vous, répondit Plana, que j'envoie mes soldats servir dans le camp opposé? — Il y a deux gouverneurs ici, s'écrie de Gaud, je ne le souffrirai pas. » Plana avait compris qu'il avait blessé son chef; c'est pourquoi il ôta son épée, la posa sur la table et fit ses excuses. — Mais l'autre, connaissez ici cet homme violent, prenant l'épée de Plana, la fait voler au loin et dégainant la sienne, il saisit Plana par la moustache, et de l'autre main il frappe le capitaine au visage du pommeau de son épée, en lui disant mille injures et l'envoie pour vingt-quatre heures au cachot. — 22 mai 1594.

Quand cet accès de colère fut passé, de Gaud comprit tout ce qu'il y avait d'indigne dans sa conduite. — Il devint à son tour suppliant. Ayant réuni le corps des officiers, il fit venir Plana, se mit à ses genoux, et, pleurant devant tous, il conjura l'offensé de tout oublier. Il l'invita à diner, l'embrassa, lui donna 500 écus que les habitants de Mouans venaient de lui apporter pour les fortifications de Grasse.

IV.

Assassinat du seigneur de Gaud, et de son frère.

Le capitaine Plana n'avait pas pardonné. — Excité d'ailleurs par ses compagnons d'armes, et par les Grassois qui abhorraient Henri-le-Cruel, il conspira... La mort du sieur de Gaud fut décidée pour le 21 août. — Plana avait paru agir avec le gouverneur comme s'il eut tout oublié. — Il allait et venait librement chez lui, de la même manière que par le passé. Or, le jour convenu, les conjurés se rapprochèrent de la maison du gouverneur qui était l'évêché. — *Plana*, en prend quelques-uns avec lui : « Entrons, dit-il, souhaiter le bonjour au sieur de Gaud. » Ils montent. Le gouverneur qui sortait de son lit, faisait sa toilette et le domestique lui versait de l'eau sur les mains. — Plana, levant la main comme pour le saluer, tire un pistolet, le décharge en pleine poitrine sur le gouverneur. La victime se retranche dans l'embrasure de la fenêtre pour y saisir son épée, mais les autres conjurés se jettent sur lui et le percent de leurs épées : « Ah! traitres! criait de Gaud... Quoi! à votre maitre, à votre gouverneur! » Et il tomba mort.

A tout ce bruit, on accourt vers le palais. Le sieur de la Berlière qui dormait dans le voisinage, réveillé en sursaut, se lève promptement, et veut monter..., mais les conjurés le forcent de débusquer et le poursuivent jusque chez le *chanoine Barriere*, où il reçoit aussi le coup de la mort.

Plana envoya un long mémoire à son ami Annibal de Grimaldi, baron de Beuil, gouverneur de Nice, et tout alla si bien que les *frères Plana* reçurent des éloges pour avoir délivré Grasse des Villeneuve-Mons. — On les fit passer comme conspirateurs contre la Ligue. — Bien plus, les Plana furent nommés l'un gouverneur de Grasse, et l'autre de Saint-Paul, à la place de leurs victimes. Mais Dieu qui se sert des méchants pour punir les méchants, justifia-t-il les *sieurs Plana*? C'est ce que la suite des faits va nous apprendre.

V

Le doigt de Dieu.

Grasse ne fut pas plus heureuse sous le gouvernement d'Esprit Perreimond, sieur de la Plane, que sous celui du sieur de Gaud. — Mêmes exactions, mêmes violences. — Nous savons par les mémoires du temps que ces Ligueurs, qui semblaient agir au nom de la Religion, ne respectaient pas plus le sacré que le profane. Le gouverneur occupait l'Évêché, et les soldats logeaient jusques dans la cathédrale, de sorte que l'évêque errait en dehors de sa ville épiscopale n'ayant ni feu, ni lieu.

Les Grassois fatigués de la domination de Savoie, n'attendaient que le moment de reconnaître leur roi légitime. — Le moment est enfin venu pour Plana de recevoir à son tour, des mains aussi coupables que la sienne, le prix du crime et du sang.

« Pourquoi n'imiterions-nous pas Libertat de Marseille ? se disaient les plus entreprenants, les capitaines Jean Claude et Jean Robert frères, César de Puymoisson, Garnier et Sauvaire. — On choisit pour la délivrance de Grasse, le 26 décembre, lendemain de Noël. — Jean Robert et Garnier devaient porter les premiers coups.

Les fêtes de Noël, dans le midi, sont encore de nos jours des fêtes de famille... Comme le repas des officiers s'était prolongé bien avant dans la nuit, Jean Robert accepta de partager pour cette nuit, le lit du gouverneur. Garnier ayant obtenu quelques jours de congé, demanda la permission de se retirer pour aller faire ses préparatifs, mais il resta caché dans une chambre voisine. — Quand Plana et Jean Robert furent au lit, Garnier, selon qu'il était convenu, frappa brusquement à la porte, et entra en se plaignant que des soldats se mutinaient. Le gouverneur répondit de les lui amener, pour qu'il les fit châtier aussitôt. — En disant ces mots, il se posa sur son séant, et Garnier se jetant sur lui, le prit à son tour par la barbe, en lui criant : « Camarade, il faut mourir, » et il lui enfonça son poignard en pleine poitrine.

Plana surpris, s'élance sur l'épée de Garnier, quand Robert saisit le gouverneur par le pied et le renverse la tête contre terre. — Les autres conjurés entrent en même temps dans la chambre et frappent le malheureux gouverneur jusqu'à ce qu'il eût rendu l'âme.

Quels temps ! — Le poste, aux clameurs et au bruit qu'il entend, pousse le cri d'alarme : toute la ville est sur pied... Un des assassins se montre à la fenêtre et dit que le gouverneur corrigeait quelques soldats récalcitrants. Beaucoup ne se méprirent pas sur le crime qui se commettait, mais craignant pour leur vie, ils n'osèrent affronter le péril. — Les habitants, et les consuls en tête, sachant enfin toute la vérité, se mirent à crier avec Garnier et Robert : Fuori Savoie... Vive le Roi.

La garnison de Savoie se sauva, comme elle put, à travers champs, à travers monts et gagna le Var à grand'peine. On fit connaître aussitôt à Aix, par des députés, que Grasse avait secoué le joug étranger et acclamé Henri IV.

Le duc de Guise tenait ses Etats, au moment où il reçut cette nouvelle : ce qui causa une vive allégresse.

Le frère du sieur de Villeplane ne quitta pourtant le gou-

vernement de Saint-Paul que le 16 mars 1596 ; il se retira dans le comté de Nice, et longtemps il erra sur les bords du Var, la menace à la bouche et le glaive à la main, cherchant à venger le meurtre de son frère. — Nous le voyons encore le 22 mai 1597, posté à Gattières et menaçant Vence.

Claude de Villeneuve-Trans, époux de Delphine de Trans, fut gouverneur de Saint-Paul. — Il n'y eut que l'édit de Nantes (13 avril 1598), qui rendit enfin le calme à nos pays si longtemps désolés.

CHAPITRE VII.

—

GUILLAUME-LE-BLANC, ÉVÊQUE DE VENCE ET DE GRASSE.

—

I

1588-1601.

Il faut, en certains temps surtout, des hommes d'action et d'énergie, mais le rôle qui conviendra toujours aux ministres de l'Évangile c'est celui de la douceur et de la conciliation, et surtout dans l'action, la prudence et la circonspection. Sans jamais pactiser avec les méchants, ni sacrifier les droits sacrés de la vérité ou de la justice, on peut être tolérant et modéré dans le zèle. Tel est l'esprit de Jésus-Christ. Il ne veut pas qu'on rompe le roseau à demi brisé, qu'on éteigne la mèche qui fume encore.« Apprenez de moi, dit-il, que je suis doux et humble de cœur. »

Qu'avons-nous vu dans les guerres de religion du seizième siècle ? — Eut-on jamais dit que c'étaient des nations chrétiennes qui se battaient ? — Mêmes horreurs des deux côtés. Or, tout évêque, dans ces circonstances difficiles, n'aurait pas dû se faire Ligueur, mais imiter le divin maître qui a pris le nom de *Pacifique*. Un évêque aurait bien fait de penser aux *brebis* perdues de son bercail, ou égarées par la politique, et sans se déclarer ni pour l'un ni pour l'autre, attendre et prier. — A lui, convenait le ministère divin de panser les plaies, de consoler, de mettre de l'huile et non du vinaigre.

Lorsque éclata, par exemple, la Ligue en Provence, n'était-ce pas s'aliéner pour jamais l'esprit des vrais français, que de se tourner du côté de Charles-Emmanuel de Savoie ou du cardinal de Bourbon, Charles X ? Un évêque pouvait-il oublier qu'il y avait dans le camp opposé aux Ligueurs des catholiques sincères et des royalistes ?

Le prélat dont nous allons esquisser la vie, tout pieux qu'il était, commit précisément cette faute de se tourner vers Charles-Emmanuel, — et quand il se plaindra de sa triple *persécution par la famine, par l'exil et par le feu,* il ne s'attirera que ce qu'il aura provoqué. Loin de nous la pensée d'excuser les coupables, mais d'un autre côté, nous voyons dans les tribulations de cet évêque de Grasse et de Vence, la justice de Dieu. — Guillaume-le-Blanc, tel est son nom. Il était originaire d'Alby, comme toute sa famille.

Le père de notre évêque avait une charge d'avocat et de conseiller à la cour de Toulouse. Son frère occupait avec distinction le siége épiscopal de *Toulon,* et c'est lui qui éleva notre futur évêque de Grasse et de Vence. — Le jeune Guillaume prit l'habit de *dominicain*, et ses *prédications* le firent nommer, en 1588 à l'évêché de Vence, vacant par la mort d'Audin *Garidelli*. Il reçut son brevet du roi, le 30 novembre, puis sa bulle; et prêta le serment à Henri III le 27 mai 1589.

L'évêché de Grasse n'avait pas non plus d'évêque, depuis la mort d'Etienne Déodat à son abbaye de Cruas près Viviers, (9 août 1588).

Le Roi, qui aimait La Valette, accorda Grasse, sur sa demande, à un certain conseiller du Parlement de Grenoble, homme marié, ayant femme et enfants, par lettres datées de Blois, 27 mars 1589, confirmées par Henri IV, le 17 décembre. Il se nommait Georges de Poissieux. Le voici avec ses brevets du Roi, se mettant en possession des revenus de son évêché, pendant qu'il attend sa bulle de Rome. Mais de ce côté, il ne rencontre, comme de juste, qu'opposition. — Jamais il ne les aura, et cependant en vertu du brevet du Roi il gardera les revenus de l'évêché.

Il est bon de rappeler que, dans ces circonstances, Grasse tombait au pouvoir de la Ligue, que Charles-Emmanuel depuis la mort du baron de Vins devant cette ville, lundi 20 novembre 1589, y régnait en souverain par le terrible sieur de Gaud, Henri-le-Cruel, et ses soldats du comté de Nice et du P. at. — Enfin, l'évêque de Vence, Guillaume-le-Blanc était en grande faveur auprès du duc de Savoie et des Ligueurs. Il avait de forts appuis en Provence. Son oncle était évêque de Toulon, un autre de ses frères était notaire et avocat du Saint-Siége à Avignon; un de ses neveux était chanoine de la cathédrale de Toulon. C'est alors que sur la demande de Charles-Emmanuel, le souverain pontife Innocent IX, par bulles du 14 février 1592, annexa *l'évêché de Grasse à celui de Vence*, en faveur de Guillaume-le-Blanc.

Le cardinal de Bourbon, Charles X, souscrivit le 14 mars, et le Parlement de la Ligue, à Aix, enregistra le tout, le 22 mai. — Tout cet arrangement se faisait en dehors du concordat, contre le parti royal, et c'est pourquoi Henri IV ne pouvait reconnaître le nouvel élu, et tenait pour le sieur de Poisseux. D'ailleurs les deux diocèses n'aimaient pas cet annexion qui avait été déjà annulée en 1437. Commence alors cette *persécution* que Guillaume-le-Blanc appelle *persécution par l'exil.* Il ne peut résider qu'accidentellement ni dans l'un, ni dans l'autre de ses diocèses. Il fit gouverner les affaires ecclésiastiques, si troublées, par deux vicaires capitulaires, le sieur *Gardenqui,* de Saint-Paul, pour l'évêché de Vence, et *Alexis Mouton,* pour celui de Grasse, et lui-même resta à Nice sous la protection du duc de Savoie. C'est à Nice, 14 janvier, qu'il présenta au cardinal de Joyeuse, son poëme de Saint-Hyacinthe.

Après le siège de Vence, qui laissa la victoire aux Ligueurs, il put arriver dans cette ville, au milieu de l'enthousiasme du moment, et y confirmer deux cents personnes ; il compulsa les archives pour se rendre compte de ses droits et de ses juridictions aliénées par son prédécesseur Louis du Beuil, et écrivit aussi de cette ville, 8 juillet 1593, une lettre aussi curieuse qu'originale, au seigneur baron de Vence, Scipion de Villeneuve qui, après son échec de Vence, s'était retiré tout triste dans son château de Gréolières. Là ce baron repassait avec sa mère, Françoise de Grimaldi, les événements récents, et la mort de son père, noyé au siège de Paris, et celle de La Valette, tué devant Roquebrune, et les luttes de cette guerre interminable.

La lettre de Guillaume-le-Blanc, au baron de Vence nous fait connaître le bon et saint évêque, mais aussi le côté faible de son caractère. Disons le mot, le mouvement était bon, mais la lettre peu adroite. Outre que Scipion de Villeneuve, au cœur tout royaliste, grand ennemi du clergé, ne pouvait estimer un évêque tout savoisien, Ligueur opposé à son Roi, il n'était guère disposé à recevoir les avis mêlés de reproches sans ménagements, dans un pareil moment, quand la Ligue triomphait et que Vence avait triomphé. Quelle maladresse, enfin, de rappeler au fils la mort si malheureuse de son père !

Par la lecture de ce curieux monument, on verra que le jugement faisait défaut au digne et pieux évêque dans cette circonstance. Nous n'accusons pas l'intention. Il est même innocent devant Dieu.

II

Lettre de Guillaume-le-Blanc au Baron de Vence.

—

Vence, 8 juillet, 1592.

« Mon fils, je vous prie, ne trouver étrange si je vous écris, non en courtisan, mais librement, et poussé du même esprit que saint Paul, lorsqu'il écrivait aux Romains, Corinthiens et autres. Je vous parlerai en père, car vous êtes mon enfant, mais un enfant perdu, et je vous cherche et désire que vous reveniez en ma maison, où je vous embrasserai et vous appresterai un banquet solennel, non pas d'un veau gras, comme fit le père dont il est fait mention en l'Evangile, mais d'un agneau sans macule et d'un pain céleste qui est la viande des anges, j'entends du précieux corps et sang de notre Sauveur Jésus-Christ.

« Je vous parlerai en pasteur, car vous êtes ma brebis, mais une brebis égarée, et je vous cherche par ces montagnes de Gréolières, pour vous réduire en mon parc. De cent brebis que j'avais, j'en laisse les nonante-neuf en ce désert, pour courir après une qui s'est perdue. Et de vrai, je les laisse ; car vous savez très-bien que ce bon peuple de Vence aura mécontentement de ce que je l'abandonne pour courir après vous, et aura la même occasion de s'offenser contre nous, qu'avait le frère ainé de l'enfant prodigue de se plaindre de son père.

« Venez donc, mon enfant, écoutez-moi, et je vous enseigneray la crainte du Seigneur. Mais je vous supplie, au nom d'icelluy, de ne recevoir mes propos avec risée et macquerie. Car il est écrit au livre des Proverbes que le fol se mocque de la discipline de son père, mais non pas le sage. Et d'ailleurs, saint Paul dit que Dieu ne veut estre mocqué. Lisez ces miens écrits, non pas en passant, mais attentivement, et considérez que tout ce monde n'est qu'une fable, et que la figure d'icelluy passe bien tost ; mais qu'il y a un paradis pour les bons, et un enfer pour les méchants.

« Songez donc à votre conscience, et à sauver votre âme, laquelle ne se peut sauver hors de l'Église catholique, apostolique et romaine. Et je dois répondre d'icelle, lorsque le grand Pasteur viendra en la vallée de Josaphat, à séparer les brebis d'avec les boucs. Apportez donc à ce mien discours la même sincérité de cœur que j'y apporte.

« Et pour commencement, vous avez à scavoir qu'il n'y a qu'une vraye Église. Toutes les autres sont des *Synagogues du diable*. Dieu n'a qu'une épouse chaste et sainte. Toutes les autres sont *paillardes* et des *concubines* de Satan. Il n'y eut qu'une arche au temps du déluge, laquelle fut la figure de l'Église, et comme périrent tous ceux qui furent hors d'icelle,

aussi périssent tous ceux qui sont hors de l'Eglise. Il faut donc
que vous ou nous soyons en voye de perdition ; vous, dis-je,
qui estes de la secte de Calvin, ou moy, qui suis de l'Église
romaine. Car de dire ce que certains politiques de notre temps,
annonçant que notre religion est bien peu discordante de la
vostre, ce sont fables et pures menteries. Nous sommes de
tout différents en principaux points de notre créance, comme
à dire des sacrements, du purgatoire, de la vénération des
anges et des saints, du jeune, du carême, des traditions apostoliques et de plusieurs autres semblables.

« Or, que votre secte soit la fausse, il est autant vray, comme il est vray que notre religion soit la vraye. Et ne m'esti-
mez pas si insensé, que si je connaissais que votre Église fût
la vraye, je ne la suivisse, ni si malicieux que je vous en
voulusse distraire.

« Je ne veux pas ici, maintenant, entrer en dispute avec
vous touchant vos erreurs, car je crois que vous croyez à
crédit, et je vous tiens pour meilleur soldat que théologien,
m'asseurant que vous ne me sauriez en rien contredire, pour
ne vous estre jamais adonné à l'étude des lettres. Toutefois,
si vous avez aucun doute, ma charge porte de vous le résoudre,
et de vous rendre compte de notre foy. Et si vous me deman-
dez d'estre instruit, me voici tout disposé à vous instruire.

« Interrogez votre père, qui suis moi, et je vous annonce-
ray la vérité ; interrogez vos ancêtres, c'est-à-dire les évêques et autres docteurs de l'Église, et ils vous la diront.

« N'allez pas à des ministres venus depuis trois jours, qui
ne sçavent montrer aucune vocation de Dieu, ordinaire ou
extraordinaire. Considérez l'entreprise des pasteurs de l'Église
romaine établie de Jésus-Christ, en la personne de saint
Pierre, et remarquez tant et tant de miracles qui s'y sont faits
et font ordinairement, desquels votre secte est entièrement
destituée.

« Entrez donc en notre Église, mon fils, puisque c'est la vraye, et ne la persécutez pas. Souvenez-vous que tous les persécuteurs d'icelle ont toujours fait mauvaise fin, outre l'enfer perpétuel qui leur est préparé en l'autre monde.

« N'ayez pas un cœur endurci, un cœur de pierre, un cœur, dis-je, semblable à celui de Pharaon. N'avez-vous jamais lu en l'Exode que, quand Pharaon troublait les Israélites, peuple élu de Dieu, et les empêchait de faire prières et sacrifices à sa divine majesté, il leur envoya Moyse pour pasteur et pour évêque. Mais Pharaon, ne cessant de troubler le peuple et l'évêque, après plusieurs malheurs qui lui subvinrent, comme il venait avec son armée pour les persécuter, le pauvre misérable demeura avec son cheval submergé dans les eaux (1). Il n'est pas jà besoin que je m'explique davantage.

« Qu'avez-vous gagné, mon enfant, de venir assiéger et battre notre ville de Vence, et pour montrer que vous en voulez à l'Église, de donner droit au clocher de pauvres coups de canons? (2)

« Pour le moins faites-en maintenant votre profit. Levez les yeux au ciel, et reconnaissez qu'il y a un Dieu, un Dieu qui bataille visiblement pour nous. Un pauvre menu peuple destitué de tout secours, voire même de toute espérance d'icelluy, avoir soutenu le siége d'une si grosse armée, où estaient les principaux chefs hérétiques de ces provinces, avoir enduré le canon dans une ville non tenable au canon, et qui, à la première venue d'icelluy, selon l'opinion d'un chacun, se devoit rendre, et avoir fait le tout à la seule remontrance et persuasion d'un simple prestre, ne m'accordez-

(1) Allusion à la mort du père du baron de Vence.
(2) Siége de Vence, de Lesdiguières et du baron de Vence, 1er juin 1592.

vous pas que c'est le doigt de Dieu? Que les balles de vos canons braqués directement contre nos murailles ayent rebroussé leur volée et massacré vos gens mesmes ; que l'effroy soit entré tout à coup en un si grand camp qu'il ayt délogé si honteusement ; qu'une poignée des habitants de Vence, non-seulement d'avoir si vigoureusement soutenu le siége, ayt fait des sorties et emporté beaucoup de butin, après avoir défait plusieurs des vostres, même des chefs, n'appellerez-vous pas cela le doigt de Dieu? qu'impiété serait de l'attribuer à désastre ou malheur de guerre?

« Ma mitre, de laquelle vous vous êtes gaussé tant de fois, a eu plus de force que vos heaumes et armes; ma crosse, dont vous vous mocquiez, méprisant la verge paternelle, a eu plus d'efficace que toutes vos lances ; mes benoist saints prédécesseurs, Véran et Lambert, desquels vous vous riiez, disant qu'on mit leurs reliquaires d'argent sur les murailles avec une arquebuse sur leur col, pour voir si ils les sçauraient défendre, ont eu plus de force, avec leurs intercessions, pour conserver la ville, que vous avec vos canons, pour la prendre, car Dieu, qui veut que ses serviteurs soient honorés, n'a pas voulu permettre que de leurs reliquaires vos soldats ayent battu de la monnaye, comme ils croya'ent de vouloir le faire, et que leurs saints os soyent profanés. Ainsi, après les avoir jadis décorés d'une infinité de grands miracles, que nous lisons en leurs légendes, il les a voulu acorner encore de celui-cy, en témoignage duquel vos balles fracassées ont esté mises en leurs chapelles.

« Notre Béthulie est maintenant délivrée (1). Et combien s'en est manqué qu'après la mort de Pharaon, vous n'ayez vu la fin d'Holopherne.

(1) Remarquez tous ces détails. Une femme de Vence se chargea sans doute d'imiter Judith dans ce siége même.

« Excusez-moy, mon fils, si je vous parle un peu aigrement, car c'est pour votre profit. Pensez combien j'ai déploré la mort de feu monsieur le baron de Vence, mon enfant selon l'esprit, et votre père selon la chair, qui se noya. Vous n'y avez perdu que le corps, mais je crains d'avoir perdu l'âme, d'autant plus que je ne l'avais pu encore réduire et, qu'à mon avis, il n'eut loisir de se reconnaitre à la mort.

« Pensez aussi en quelle angoisse je suis de vous et de ma fille, vostre mère, craignant de ne vous avoir pu réduire à temps, et que la mort ne vous surprenne, non seulement la mort du corps, mais qui me travaille plus, que la mort du corps c'est-à-dire la perte de l'âme. Et si jamais nous nous trouvons ensemble en cour d'un roy très-chrétien, quand il plaira à Dieu nous le donner, quel regret et crève-cœur me sera-ce de ne pouvoir vous parler, ni même vous saluer; car saint Jean me le défend expressément Avez-vous opinion qu'alors, combien que me soyez enfant ingrat et rebelle, ne reconnaissant vostre père, mon cœur ne crève d'un juste dépit, et que mes entrailles ne s'émeuvent de compassion, attendu qu'il n'y a d'affection qui surpasse la paternelle. Et si la justice aura lieu, ce que le roy que Dieu nous donnera, selon les lois fondamentales de ce royaume, qui ne permettent qu'un hérétique le soit, *car si l'estait ce serait usurpation*, sera obéi, quel crève-cœur me sera-ce de ne pouvoir vous tolérer en mon diocèse, et qu'il faudra que vous demeuriez banni de vos maisons; même que ma charge porte de m'opposer directement à une religion étrangère, autrefois inconnue à la France; et, qui pis est, cette juste et sainte inimitié ne mourra pas, vous mourant; car, après votre mort, je serai contrainct par les loix ecclésiastiques de vous priver de la sépulture, et ne vous recevoir au tombeau de vos ayeuls; et vous adviendra ce que le prophète Jérémie criait contre Joacim, fils de Josias, roy de Juda, à scavoir d'estre ensevely de la *sépulture de l'asne*.

« O quelle joie j'ai d'avoir pour diocésain un gentilhomme si vertueux, un seigneur si accompli, extrait d'une si ancienne et noble maison, et apparenté des plus grandes de toute la Provence! Mais quelle plus grande tristesse j'ai, qu'il soit hérétique! Vous ne sçauriez croire le regret que je porte en moy-même, de vous voir hors de votre maison et avec si peu d'espérance d'y rentrer jamais, pour la haine et inimitié irréconciliable de tous vos sujets, ou, pour mieux dire, vos communs sujets de Vence vous portent, et avec raison, pour avoir voulu perdre la ville. Et, qui pis est, cette inimitié ira de père en fils, et sera héréditaire à tous, contre vous et les vostres, qui leur serez en perpétuelle abomination.

« Ce n'est pas peu de cas que la haine des peuples et des sujets; car c'est, à mon avis, la plus grande malédiction que Dieu sçaurait envoyer à un seigneur. Et nous avons vu dernièrement que cette haine des peuples a été la totale ruine d'un grand roi de l'Europe. Pensez ce que ce pourrait estre d'un seigneur particulier. Que si vous considérez bien vos affaires, vous trouverez qu'il vous est impossible de vous mettre jamais bien avec vos sujets, ni d'estre assuré avec eux, si ce n'est par moyen, par l'autorité que j'ai sur eux, et la créance qu'ils ont en moi; et qu'il m'est de tout impossible de m'employer pour vous, si vous ne vous faisiez catholique.

« Mais celle-cy ne doit estre la principale occasion de vostre conversion; car si vous faut plus avoir d'égard à vostre Seigneur qu'à vos sujets, et vous faut plus craindre la haine de Dieu que l'inimitié de vostre peuple. Et il est impossible que vous soyez agréable à Dieu sans la vraye foi. Pourtant si vous la recevez, et vous réduisez au giron de l'Eglise, vous aurez et la grâce de Dieu et la bienveillance de ce peuple de Vence, comme j'espère vous la moyenner.

« Il ne vous faut avoir égard tant seulement à vostre maison paternelle, de laquelle vous estes maintenant déchassé, mais aussi principalement à cette maison céleste, à cet opulent héritage, que Dieu le père vous a promis, duquel vous serez privé, si vous ne lui obéissez, recevant la pure et vraye foi que son fils Jésus-Christ vous a laissée.

« Convertissez-vous, mon enfant, et donnez cette consolation et contentement à vostre pauvre père. Ne me frustrez pas du fruit que j'espère des fréquentes prières et sacrifices que je fais à la Divine Majesté pour vostre pauvre père. Ne privez pas les anges du ciel de cette grande allégresse qu'ils recevront de vostre repentance. Surtout, je vous en supplie au nom de Dieu et la larme à l'œil, de vouloir, tous les matins, hausser les mains vers le ciel et prier Dieu qu'il vous enlumine, lisant et relisant cette mienne lettre. Faites aussi que vostre mère en fasse autant, afin que cette mienne fille perdue, que ce mauvais Satan m'a séduite et débauchée, retourne en ma maison, et se vienne jeter entre mes bras ; car je désire infiniment la colloquer en mariage avec un espoux saint, qui est Jésus-Christ, auquel avec Dieu le Père et le Saint-Esprit, soit honneur et gloire pour tous les siècles des siècles. Amen.

« De Vence, 8 juillet 1592. »

(Archives de la préfecture. Clergé de Vence, l. 132.)

III

Guillaume-le-Blanc était de retour à Nice, le 19 juillet 1592, puisqu'il y reçut les consuls de Vence qui lui portèrent des présents.

A peine a-t-il appris que d'Epernon envoie demander la soumission des Vençois, qu'il engage les consuls à obéir. — Il sait que Henri IV doit abjurer le calvinisme, il vole à St-Denis, lui adresse une lettre en vers de félicitation. — Il fut, le 16 avril, l'un des prélats assistants à la consécration solennelle de l'église de Pontoise par Charles de Bourbon, archevêque de Rouen, et le 27 juin, il se trouva à Saint-Denis à l'abjuration de Henri IV. — Il partit ensuite pour Rome en 1594. Il y avait été noté par le cardinal de Joyeuse auprès du pape Clément VII comme l'un des évêques qui avaient le mieux combattu pour la cause de la religion catholique en France. C'est pourquoi la cour de Rome s'occupa activement auprès du roy, pourque Sa Majesté récompensa ce digne prélat, et qu'elle lui fit rendre toutes ses juridictions aliénées par le baron de Vence, et ses biens confisqués ou sequestrés au profit de Georges de Peissieux. — Elle priait le roi de le laisser jouir paisiblement de ses deux évêchés.

Le *mémoire* que remit Guillaume-le-Blanc au pape sur l'état présent de ses diocèses, nous apprend qu'il était à Rome en juin 1595.

Nous avons le mémoire qu'il présenta au Souverain Pontife Clément VIII, comme le font de trois ans en trois ans tous les évêques, sur l'état de ses deux diocèses... Il est daté de Rome — juin — 1595.

« Les églises cathédrales de Grasse et de Vence ont été annexées par Innocent IX, d'heureuse mémoire, pape, selon les prescriptions du Concile de Trente. Les deux sièges sont distants de dix mille pas. Situés en Provence, ils ont pour vocable tous les deux la Bienheureuse Vierge Marie, touchent à la mer Tyrrhénienne, et ressortissent de l'archevêché d'Embrun.

« La cité de Grasse, d'une médiocre étendue, est agréable, bien arrosée, posée sur une colline. L'église et le palais épiscopal étant situés sur une éminence, le gouverneur y a établi depuis l'année dernière son quartier-général et en a fait une espèce de château-fort. Un poste militaire les occupe ; on a démoli la prévôté qui était contiguë, de sorte que l'évêque et le prévôt sont sans habitation. — Le chapitre est bien composé. Il y a un prévôt, un préchantre, un archidiacre, un sacristain, plusieurs autres chanoines et prébendés, et parmi eux quelques théologiens, hommes de probité et d'érudition qui, toute l'année, prêchent avec fruit soit dans le diocèse soit ailleurs. — La musique de la maîtrise est excellente, et peut-être la meilleure qu'il y ait en Provence.

« Le chœur est placé en forme de tribune, avec de belles stalles, et un trône épiscopal plein de majesté. — La sacristie renferme de nombreux ornements, et des reliques précieuses. — La Très-Sainte Eucharistie est conservée dans un lieu convenable et décent. — Les messes se célèbrent chaque jour. — L'office canonial se chante aux heures réglées ; on prêche les stations de l'Avent et du Carême. — Le clergé est religieux, le peuple pieux.

« Mais dans ces tristes temps l'insolence des soldats, les calamités de la guerre, et d'autres fléaux dont Dieu nous frappe à cause de nos péchés, ont dispersé le clergé de droite et de gauche, démoralisé le peuple, enlevé les biens ecclésiastiques, et, je le dirai en toute liberté et avec douleur, des hommes profanes, des militaires, et, qui plus est, des ennemis de l'Eglise, ont usurpé la plus grande partie de ces biens. — Le sieur de Poissieux, homme de noblesse et militaire, qui a femme et enfants, prétend que l'évêché de Grasse lui appartient, parce qu'il lui a été conféré par un *brevet* de Henri III et confirmé par le roi de Navarre ; il afferme les biens et en tire tout ce qu'il peut.

« Il y a deux couvents dans la ville, l'un de *Saint-François* l'autre de *Saint-Dominique* ; ce dernier est détruit en partie par le siège de Grasse, étant proche des remparts. Dans le diocèse, se trouve le *célèbre monastère de Saint-Honorat*, de l'île de Lérins, d'où sont sortis tant d'évêques et de docteurs, illustrations de l'église de France.

« *Antibes* était une cité qui appartenait autrefois à l'évêque, et dans laquelle se trouvait le siége épiscopal, transféré depuis à Grasse. Cette ville a été aliénée, dit-on, par un évêque, donnée en gage à ses parents, et ceux-ci par des moyens artificieux, l'ont affranchie de tout diocèse. Lorsque la paix se fera, un évêque influent qui recouvrera cette ville, rendra service aux habitants et à l'Eglise.

« *Vence* est une cité située sur un lieu élevé ; elle a peu d'étendue. Ses habitants se livrent surtout à l'agriculture. La moitié de la juridiction seigneuriale appartient au baron de Vence ; l'autre moitié à l'évêque. *Mais le baron a tout absorbé.* A ce sujet, un procès difficile est pendant à la cour royale de Paris. Tout le peuple défend ardemment le droit de son évêque ; et lui fournit de l'argent pour soutenir ce procès. — Le peuple est bon catholique ; le baron, hérétique et né de parents hérétiques, a reçu le baptême des hérétiques, n'a jamais vécu en catholique. Seulement, depuis qu'il a appris que le roi de Navarre avait embrassé la foi catholique, il se dit catholique, et assiste, m'a-t-on dit, au sacrifice de la messe, mais il n'a pas abjuré l'hérésie, ni demandé l'absolution, et ne songe pas à la recevoir. Sa première femme était aussi hérétique. Il en a maintenant une qui est catholique. Le peuple ne l'aime pas tant à cause de son hérésie que de l'usurpation des juridictions et des biens de l'évêque. Il ose même à présent revendiquer le titre d'évêque comme lui appartenant. La justice ne peut prévaloir par les armes. Il a pour se maintenir dans la ville une garnison, sans laquelle le peuple le chasserait vite et appellerait son évêque.

« Le chapitre de l'église cathédrale se compose d'un prévot, d'un sacristain, d'un archidiacre, d'un préchantre, d'un capiscole, et d'autres chanoines et prêtres prébendés. Le chapitre a dissipé presque tous ses revenus. Les biens de l'évêque ont été aliénés en grande partie par mes prédécesseurs.

« Le chœur de la cathédrale est placé en forme de tribune. Il est beau. La cathédrale, petite ; elle a peu d'ornements. Les saintes reliques de deux évêques de Vence sont renfermées dans deux bustes d'argent. — Ils se nomment Véran et Lambert, tous deux sortis de l'abbaye de Lérins, illustres en miracles nombreux, vénérés non-seulement par le diocèse, mais par les étrangers. — La Sainte Eucharistie se conserve dans un ciboire.

« J'ai résidé six mois dans cette ville ; mais comme l'armée ennemie arrivait et que nous ne pouvions résister, que les habitants commençaient à se rendre à composition, j'ai fui dans une ville voisine qui se nomme Saint-Paul. — Elle est fortifiée et gardée par des troupes catholiques. Là, m'ont suivi le prévôt, le sacristain, l'archidiâcre, le préchantre et quelques autres ecclésiastiques avec lesquels nous avons célébré les fonctions ecclésiastiques durant treize mois comme nous l'avons pu. Trois chanoines n'ont pas quitté Vence, et le baron quoique hérétique, et l'un d'eux s'est même fait délivrer des lettres de vicaire-général du faux Parlement séant à Manosque, et il gère la ville avec ce faux titre, administrant toutes les juridictions épiscopales, et entravant l'exercice du vicaire-général, établi par moi.

« Il y a dans le diocèse environ seize paroisses. Toutes sont à peu près dans le même état de désolation.

« L'église cathédrale est polluée par le corps d'une femme hérétique, mère du baron, qu'on y a inhumée. Ce seigneur veut néanmoins que les chanoines et les prêtres y célèbrent.

Il poursuit de sa haine invétérée les évêques qu'il ne voudrait pas voir résider à Vence. J'ai déjà échappé, par la protection de Dieu, à plusieurs embûches qu'il m'a dressées. — Ayant perdu toute espèce de ressources et de juridiction, j'ai dû fuir forcément, et abandonner avec douleur mon épouse chérie pour me réfugier dans les bras du Seigneur. Il me reste pourtant cette consolation, dans mon exil, c'est que la Sainte Eglise, ma mère, me reste et que sur son ordre je retournerai quand il lui plaira. » — Veille des *Calendes de Juin* 1595.

Cette adresse au souverain-pontife, et ce qu'il dit de vive voix, produisit un tel effet qu'on écrivit de Rome à Henri IV en faveur du pauvre évêque de Vence et de Grasse, et le roi, par lettres-patentes du 14 février 1596, maintint Guillaume-le-Blanc dans la possession de ses deux évêchés, ordonnant de lever le sequestre.

Georges de Poissieux avait des amis. Il en appela du roi au roi lui-même. Les partisans du baron de Vence ne voulurent pas des deux siéges annexes ; les receveurs des dimes refusèrent de payer. Tous ces ennemis à la fois adressèrent une supplique au roi et au pape, en représentant Guillaume comme intrus, rebelle, traître et déloyal. « Ce n'est qu'à l'aide des forces et des gens de guerre du duc de Savoie, disait le baron de Vence, qu'il s'est établi et maintenu. »

Le grand-vicaire de Vence, Baptiste Barcillon, se mit à la tête de la cabale, et par son parent François de Barcillon, avocat à la cour, il fit rendre un nouvel arrêt d'Aix contre Guillaume-le-Blanc. On mit encore une fois le séquestre sur ses biens, 22 juin 1596. L'évêque fit appel au roi qui cassa l'arrêt de la cour d'Aix.

Or voici un autre incident qui tient du drame. — Il fallait que cette petite ville, dans ces circonstances déplorables, fournit à l'histoire ce qu'il y a de plus étrange dans l'ordre des évènements humains. On verra, en réfléchissant, d'où partira le coup.

IV

TROISIÈME PERSÉCUTION PAR LE FEU, LES DEUX AUTRES PERSÉ-CUTIONS ÉTANT POUR LUI L'EXIL OU IL A ÉTÉ TENU NE POUVANT ENTRER DANS SON DIOCÈSE, ET LA FAMINE, AYANT ÉTÉ PRIVÉ DE SES REVENUS.

Nous donnons ici *in extenso* la pièce authentique tirée, comme les précédentes, des archives de la préfecture de Nice, (Evêché de Vence, n° 207).

1596. Troisième persécution de l'évesque de Grasse et de Vence par feu. C'est à sçavoir par une mine faite sous son siége épiscopal et remplie de poudre à feu, pour commettre en sa personne le plus exécrable assassinat, et le plus détestable parricide, et le plus impie sacrilège que peut-être on ait jamais ouy dire.

L'évesque de Grasse et de Vence, après avoir esté despouillé de tous ses revenus tant de l'un que de l'autre, nonobstant les bulles du pape annexées à la cour du Parlement d'Aix, placet du feu roy, et du roy à présent régnant, lettres-patentes de Sa Majesté, après une quadriennelle et paisible possession, confirmée mesme par arrêt de la dite cour, laquelle avoit adjugée quelques jours auparavant la possession d'un bénéfice à celui qui avait été pourveu par ledit évesque au plus fort des troubles et nonobstant le serment de fidélité que la dite cour fit prester comme évesque de Grasse et de Vence, combien qu'il l'eut déjà presté entre les propres mains du roy, pour avoir encore après, avoir esté despouillé sans estre oüy ni appelé, il se résolut néantmoins de n'abandonner son bercail : ainsi de continuer sa résidence à laquelle le droit divin l'oblige, et laquelle il estimoit lui estre d'autant plus nécessaire, que sa longue et forcée absence et la licence et desbordement des derniers troubles avoient apporté à son église des désordres et d'abus auxquels il désiroit extrêmement rémédier. La bienveillance de son clergé et de son peuple le pouvoit encore occasionner à tenir pied, lequel scandalisé de ce que lui estoit arrivé, renouvelant la coustume de la primitive église, constitua des collectes et des contributions pour l'entretien et nouriture de son évesque, lequel après avoir résidé quelques mois à Grasse, délibéra de se transporter à Vence où soit pour l'incommodité qu'il recevoit à Grasse pour ni avoir logis estant sa maison épiscopale et son église cathédrale réduites en citadelle, habitée et gardée par des soldats qui font corps de garde mesme sur le maistre-autel avec plusieurs insolences, pour parler modestement ; ou bien plutôt pour ce qu'il estimoit sa résidence plus utile et nécessaire à Vence, où estant, il ne voulut jamais condescendre à l'aliénation des juridictions temporelles et autres droicts et biens de son église, qu'on luy détient, combien que de plusieurs endroits en ayt esté longtemps et par menaces, et par prières et par artifices, non toutefois de monsieur le duc de Guise, gouverneur pour le roy en Provence, quoi qu'on en ayt fait courir le bruit. Car tant s'en faut que ce bon et généreux prince estant venu au diocèse d'icelluy lui ayt jamais tenu propos ou voulu persuader de quitter les droicts et les biens de son évesché, qu'au contraire il lui offrit toute son assistence tant en France qu'en Provence pour avoir réparation des torts qui lui estaient faits, et pour jouir de ses rentes, meu en cela du zèle héréditaire qu'il a au service de Dieu, duquel il aime les ministres et à celui de Sa Majesté, laquelle par lettres closes luy avoit particulièrement recommandé le dit évesque à son retour en Provence, avec charge expresse de luy tenir la main en la jouissance de son évesché, suivant son intention qu'elle estoit estre telle. L'évesque donques estant à Vence à l'exercice de sa charge et surveillant à son troupeau, persistant toujours en sa première résolution de mourir plutôt que de préjudicier aux droicts de son évesché, ou ratifier aucune aliénation ni usurpation, se mirant en cela à l'exemple de valeureux évêque de Canturbie, Saint Thomas, voici l'ennemi du genre humain qui suscite les haines dans l'église, pour commettre en sa personne le plus desloyal assassinat, le plus exécrable sacrilége, et le plus détestable parricide qui peut-être soit jamais arrivé en la chrétienté.

Il est à sçavoir que le chœur de l'église de Vence est en haut, soustenu par de gros piliers de pierre, et le siége épiscopal est appuyé contre certaine muraille, auquel on monte par trois degrés de plastre ; mais là où l'évesque tient ses pieds, lorsqu'il est assis, il y a trois petits ais bien cloués ; et quant à la chaire destinée à la prédication, elle est au milieu de l'église assez élevée, et on y va du siége épiscopal par un corridour qu'on a percé.

Or, le pénultième du mois de septembre, de la présente année 1596, *jour de dimanche* et de *feste de Saint Michel*, l'évesque estant au chœur, assistant à la grand'messe, après s'estre levé de son siége épiscopal par quatre fois pour se tenir droit sur ses pieds, quand le diàcre chantait l'Évangile, et quand ses chanoines lui faisaient le cercle au *judica me Deus*, au *Gloria in Excelsis*, et au *Credo*, se voulant la cinquième fois lever, après l'office, pour aller à la chaire prêcher, un de ces trois ais qui, comme dict est, servent de marche-pied, s'enfonça un peu et s'entrouvrit, et le pied du dit évesque fut aucunement pris ; mais dextrement il le despêtra, sans que personne s'en prit garde et moins doutoit-il de faire, estant en chaire, annonçant le parole de Dieu et preschant contre les scandales qui estoit la matière de l'Evangile.

Voici en l'église certaine rumeur qui s'eslève causée par un accident éstrange.

C'est que ceux qui estoint demeurés dans le chœur, s'éstoint aprochés du siège épiscopal pour delà voir mieux l'évesque en l'autre chaire, et pour mieux entendre sa prédication, entre autres il y avait *un jeune enfant de chœur* de l'âge de quinze ans, qui s'estant assis sur les degrés en plastre, voyant un des susdits *ais* un peu enfoncés, jouant à la mode des enfants, mit sa main en la fente ou entrouverture d'iceux, laquelle il retira toute noire. Comme il demeurait tout estonné, il feut aperçu de quelques ecclésiastiques et autres gens laïques, qui luy dirent de remettre sa main dedans et prendre une poignée de ce qui l'avoit noirci, ce qu'il fit ; et on trouva que c'éstoit de la *plus fine et subtile poudre à feu* qu'on sçaurait voir. A si grand scandale, plusieurs s'esmeurent et accoururent pour voir que c'étoit, et entre autres monsieur de Lussan, gentilhomme gascon, guidon de la compagnie de monseigneur le duc de Guyse qui pour lors se trouvoit à Vence, lequel estonné au possible de ce fait, crioit que s'il sçavait l'autheur d'une telle entreprise, luy-même en serait le bourreau et feroit estrangler avec complices, disant, si c'estoit le pain qu'on donnoit en Provence, adjoustant qu'il ne vouloit plus se tenir là, de peur qu'il n'y eût encore quelque mine non descouverte, ou quelque roüet caché qui pouvoit jouer, et qu'avoit à savoir combien telle chose est dangereuse ; qui fit qu'un chacun abandonna le chœur et descendit au bas de l'église. L'évesque, quelle rumeur qu'il y eut, sans s'effarer aucunement ne s'imaginant toutefois ce que c'éstoit, continua toujours sa prédication, et combien qu'il feut interpellé par son aumônier qui luy tirait par derrière la robe pour le faire finir et pour luy parler, il ne voulut jamais écouter, et tout haut lui imposa silence. Mais s'il parlait du scandale, croire qu'il parloit du crime flagrant et d'un scandale qui rendoit un chacun si troublé, qu'on ne sçauroit que dire.

La prédication finie, l'évesque voulant retourner au chœur pour se remettre en son siége épiscopal, et assister au reste de la messe, les consuls et autres luy racontèrent ce qu'estoit advenu. Ce nonobstant, il voulut aller s'asseoir en son siége, tant pour monstrer au peuple le courage qui estoit en luy, comme aussi pour ce qu'il pensoit que la mine estant descouverte, il n'y avoit plus de danger.

Toutesfois à leur persuasion et à la remontrance qu'on luy fit, qu'il y pourroit avoir encore quelque mine couverte et cachée, il descendit en bas de l'église, et ayant fait apporter d'autres siéges auprès de l'autel, assista au reste de la messe avec ses chanoines, à la fin de laquelle, il donna la bénédiction solennelle au peuple, après laquelle il fit chanter un *Te Deum laudamus.*

L'évesque s'estant ensuite retiré en son évesché, le magistrat ordinaire du lieu avec les consuls de la ville, avec une infinité de peuple, avec plusieurs ecclésiastiques retourna en l'église pour informer du fait. On trouva dessous ces ais grande quantité de poudre la plus fine qu'on sçauroit imaginer; et combien qu'auparavant plusieurs en eussent pris par curiosité, et pour monstre, toutefois en pésant à la balance, ce qui en y restoit, on trouva qu'il y en avoit huit livres.

On découvrit derrière le pilier contre lequel le siége est

appuyé un trou secret qu'on avait fait, par lequel on pouvoit mettre le feu ou la mesche. Les experts disent que cette poudre estoit suffisante pour eslever l'évesque avec son trosne jusqu'aux nues et renverser le chœur, et rompre la voûte de l'église, et par ce moyen accabler tout le peuple qu'y estoit. L'évesque loue Dieu de tout, et rapporte l'évidence du fait et la délivrance d'un tel péril au bienheureux Saint-Michel archange, titulaire de la France, duquel il célébrait la fête, qui a eu soin d'un coin d'icelle, et par ses prières et assistance a détourné le massacre scandaleux d'un pauvre prélat et peuple français. Combien que l'évesque s'estimoit heureux de trouver par une telle mort la fin de tant d'afflictions, troubles, traverses et persécutions qu'il a pour regard de sa charge.— Toutefois, il crie à Dieu avec le bon évesque de Tours, Saint-Martin, que s'il est encore nécessaire à son peuple, il ne refuse point le travail, duquel il attend la récompense en l'autre monde. Du depuis, le lieutenant du sénechal au siége de Grasse est allé à Vence informer du fait, et maintenant il informe secrétaire et autres d'un tel crime, et avec la grâce de Dieu, ils seront découverts. » Le baron et ses partisans tremblèrent. Le chapitre protesta qu'il n'avait rien écrit, ni dit, ni entrepris contre son évesque. Il prêta de nouveau le serment de fidélité. Juin 1597.

V

GUILLAUME LE BLANC A LERINS.

Après la conspiration des poudres, chacun craignait à Vence autant de Rome que de Paris. La peur fit plus que tout le reste. Le baron lui-même se tint dans le silence, quoiqu'il n'abandonnât pas d'une ligne ses acquisitions antérieures. A Grasse, son compétiteur, Georges de Poissieux, n'avait pas non plus cédé le terrain. Les soldats et le gouverneur y occupaient même encore les bâtiments de l'évêché, et le pauvre évêque ne savoit où se loger. C'est dans ces circonstances qu'il demanda l'hospitalité (mars 1597) aux moines de Lérins, et là ses ennemis vont aller le poursuivre.

L'*Abbaye de Lérins,* durant les troubles, tâcha de faire parler d'elle le moins possible. Mais loin de pactiser avec l'hérésie, elle la combattit néanmoins vigoureusement. Seulement, pour ne pas déplaire au gouverneur, elle ne se mit pas en rapport avec l'étranger. Charles de Bourbon, archevêque de Rouen, qui avait été l'abbé commendataire de 1558 à 1575, céda ensuite ses droits au pieux François de Bouliers, évêque de Fréjus (1575 à 1593). Jean-Baptiste de Romans lui succéda. Les religieux qui désiraient toujours leur autonomie, profitèrent de la conversion de Henri IV pour agir auprès du Souverain-Pontife, et obtenir du nouveau roi que Lérins serait une des abbayes dotées par le roi, selon la promesse qu'il en avait faite dans son acte d'abjuration.

Dom Hilaire d'Antibes prit le titre d'abbé régulier du *monastère* et D. Gabriel de Florence fut prieur claustral. On trouvait encore à Lérins des hommes remarquables. C'était l'érudit Dom *Maxime de la Colle-Saint-Paul,* le savant *César de Lande* de Grasse, et par dessus tout, le maître des novices, *Vincent Barralis* de Lucéram, auteur de la *Chronique de Lérins.*

Il est bon d'observer qu'avant l'acquiescement complet de Henri IV à cette autonomie cédée à Lérins, il y eut bien des tiraillements. On avait insinué au roi que pendant les derniers troubles, ses affaires politiques avaient éprouvé quelque préjudice dans ces contrées de Provence, *par le moyen des pratiques et menées faites par les étrangers qui avaient eu charge et commandement en ses États de Provence*, il exigea qu'il n'y aurait à Lérins que des abbés bons français (1597).

Une affaire assez fâcheuse empêcha de mettre à exécution ce qui avait été promis aux Lérinois. Voici le fait : — Guillaume-le-Blanc habitait en ce moment à Lérins, et comme l'opinion le dénonçait comme *Savoisien et ennemi de la France*, les Lérinois avertis qu'on pourrait les inquiéter s'ils gardaient plus longtemps cet évêque, résolurent de l'éconduire de chez eux. Mais il fallait un prétexte qu'ils ne tardèrent pas à trouver. Guillaume-le-Blanc contre les règlements du monastère ; prit sur lui-même de donner la confirmation, et les ordres dans la chapelle du monastère et s'assit dans la chaire abbatiale ; il y en eut assez. — On lui signifia par deux fois de s'en aller, et, ce qui nous étonne, c'est que le père Vincent Barralis, maître des novices, se chargeant de cette mission, la formula assez insolemment.

« L'an mil cinq cent nonante sept, et le douze jour du mois de may, après-midi, dans la tour du dévot monastère Saint-Honoré de l'Isle de Lérins, établi en sa personne par devant nous soussigné R. P. D. Gabriel de Florence, prieur claustral et supérieur tant en la temporalité que spiritualité du dit monastère en absence de R. P. D. Hilaire d'Antibes, abbé et prélat d'iceluy sous la congrégation Cassinege, autrement dite Sainte Justine-de-Padoue, ordre de Saint Benoît, pour et au nom du monastère, dit et remontre à vous Monseigneur Guillaume-le-Blanc, évêque de Grasse et de Vence, comme quoi, fut environ *deux mois* à votre réquisition, le dit père prieur avec l'avis des autres pères et religieux du monastère, vous aurait d'honnêteté et amitié permis et octroyé l'hospitalité et retraite dans leur monastère et maison pour quelques jours et à ses frais ; vous, dit seigneur évêque, avec votre train y serez resté et demeuré jusqu'à présent sous promesse et à la charge de ne faire ni exercer dans le dit monastère aucune charge et actes épiscopaux préjudiciables aux priviléges, exemptions et immunités que le dit monastère a obtenus du Saint-Siége, et même de notre feu Saint-Père le pape Eugène IV, qu'on vous aurait verbalement remontré et fait entendre ; *ce nonobstant*, vendredi dernier, 9 du présent mois, sur les 10 heures du matin, après que les offices furent achevés, et chacun retiré en leur chambre, même le prieur, vous dit sieur évêque, sans son consentement et sa permission, d'authorité privée, contre et au préjudice desdits priviléges et droits d'hospitalité inviolable auriez, tribunalement assis au siège et place abbatiale, dans le chœur du monastère, orné des habits épiscopaux, en icelle administré à plusieurs assistants le sacrement de Confirmation, et même auriez baillé à quelques-uns d'iceux les ordres de cléricale ou première tonsure, fait instrumenter et expédier provision ; chose au dit père prieur et aux religieux du dit monastère grandement est contourieux de voir violenter et usurper dans leur propre monastère et maison, sous foy et devoir d'hospitalité et promesse que dessus, leur préminence, exemptions et immunités portées par les dits priviléges, entreprenant par ce moïen, vous, dit sieur évêque, juridiction et office de spiritualité dans le dit monastère, contrevenant, pour ainsi dire, aux dits priviléges; de quoy le dit père prieur, au nom du dit monastère et religieux d'iceluy, comme de ce grandement offensés et contristés en renonçant et désavouant en tant qu'ils furent présents les dites procédures et actes épiscopaux, a protesté et proteste contre vous, dit sieur évêque, pour raison de ce que dessus, et d'attributions d'aucun nouveau droit, en deue forme de la contravention des dits priviléges et de tout dommage, intérêts et dépens quelques et s'en pourvoir par devant qui appartient comme de raison, et pour éviter quelque scandale qui sans doute pourrait arriver dans le dit monastère, advenant telles usurpations et voyes sous arreption indirecte et intolérables, pour ces causes et autres considérations, et pour la paix et tranquillité du dit monastère, et religieux exercices de leurs ordinaires vocation et discipline, que causes qui dessus, pourrait être troublée au détriment du service de Dieu et mécontentement du R. P. abbé et supérieur de dite Congrégation, le père prieur *prie votre sieur évêque de vous vouloir retirer chez vous et contenter* présentement du temps qu'avez demeuré dans le dit monastère, veu ce que vous fites, vendredi dernier, et ce faisant leur ôterez toute occasion de trouble et ombrage qu'il et les dits religieux ont conçue, et éviterez tout reproche de leurs supérieurs, requerant acte à moy notaire royal soussigné et de la réponse du dit sieur évêque j'ay d'icelle pu l'entretenir et prévaloir ainsi qu'il appartient. J. D. Gabriel de Florence, prieur du monastère de Saint-Honoré, 12 mai 1597, après-midi, dans la tour du dit monastère et chambre de *Pretorie.* »

Le notaire se rendit chez l'évêque, et lui signifia la présente déclaration et protestation. Guillaume-le-Blanc l'ayant ouye, a dit et répondu qu'il approuvait fort et louait le zèle et l'affection que le prieur et les religieux portent à la conservation de leurs priviléges, immuni és et exemptions ; qu'il n'avait pas voulu y déroger, ni y préjudicier, qu'au contraire il désirait pouvoir les accroître, et que jamais, par aucun acte pontifical fait ou à faire dans l'île ou dans le monastère, il n'entend préjudicier aucunement aux susdits priviléges, ni s'attribuer aucun nouveau droit, qu'il se contente de son autorité ordinaire, et de son droit ; qu'on regarde ce qui a été fait comme non advenu, en remettant les choses dans leur premier état ancien, tant pour son particulier et ses successeurs que pour le dit monastère, comme si jamais il n'avait abordé en la dite ile; sans que la protestation du dit prieur et religieux, ni sa présente réponse qu'il leur fait puissent aucunement alterer l'état des affaires de l'évêché et du monastère, ni porter aucun dommage aux droits de leur couvent. L'évêque ajouta encore qu'il n'entend donner aucun empêchement à l'office divin, discipline et autres exercices de piété desdits religieux, car il les loue, et les exorte à continuer, étant bien édifié et satisfait de leur bonne vie et discipline ecclésiastique, désirant d'avoir les mêmes consolations aux paroisses de son diocèse qu'il est après à visiter. »

— L'évêque signa avec D. Vincent de Lucéram, doyen et maître des novices. Le notaire est Jacques Méro de Vallauris ; et les témoins sont Augustin Sicard de Cannes, et Pierre Garcin de Trans.

Les religieux ne se laissèrent pas apaiser par ces bonnes paroles de l'évêque, tant ils s'étaient mis au dessus de l'*ordinaire*, et voulaient son départ.

Le *seize may*, ils firent une seconde protestation plus malhonnête et plus virulente encore. — « Ils disent au pauvre évêque qu'il a violé la foy, publique les droits sacrés de l'hospitalité, et ses promesses, qu'au mépris et au préjudice des exemptions et priviléges accordés au dit monastère, à eux baillés par N. S. P. le pape, le dit sieur évêque avait troublé dans le dit monastère, le service divin, usurpé la chaire et juridiction abbatiales............ à raison de quoi on l'avait prié et requis de sortir de la susdite isle et abbaye et se retirer chez lui; et que le dit sieur évêque aurait répondu par prétextes ambigus, et paroles qui mettent le comble et scandale encore davantage; car vous dites que vous voulez remettre les choses en son premier état tant pour vous que pour vos successeurs en ce monastère, comme si vous aviez puissance sur nous. Ce que nous tenons, nous le tenons des souverains pontifes, et ils lui citent la bulle du pape Eugène IV. Nous ne vous devons donc rien, et vous n'avez rien à rétablir. Contentez-vous du plaisir et du service qu'ils vous ont fait sans troubler davantage leur repos et tranquillité. Les religieux de Lérins n'ont besoin d'exhortations de vous, sieur évêque, d'autant qu'ils font leur office jour et nuit dans leur monastère à l'honneur et louange de Dieu et suivant l'ordre de leurs règles et constitutions de leur Congrégation.

— Il y a, dit le pape Eugène IV par sa bulle de 1436, *excommunication ipso facto* pour toute personne même évêque, qui osera attenter aux droits, priviléges et immunités du dit monastère, y conférer les ordres, ou y exercer les fonctions épiscopales. »

J. Antoine Méro, notaire à Vallauris, rédigea cet acte, et D. Vincent Barralis, Antoine Bœuf, chirurgien de Mouans, Pierre Garcin de Trans, osèrent le porter à l'évêque. Quand Guillaume-le-Blanc eut lu cet écrit injurieux, il se contenta de répondre avec douceur, que cette protestation était *indiscrète, inimie, injurieuse* et *indigne* d'être faite par des religieux, et plus encore d'être faite à un évêque. « Il ne voulait ni ne devait y répondre, qu'il en enverrait copie en bonne forme pour la mander au pape et à la cour du Parlement, afin de se pourvoir avec et recourir avec la présente copie à qui de droit. »

Ce qu'il fit, lorsqu'il eût quitté cette maison inhospitalière. La cour de Rome ne sut pas gré aux Lérinois de cette conduite; aussi remarquez bien, qu'ils n'obtinrent rien de ce qu'ils sollicitaient, tant que vécut Guillaume-le-Blanc.

Ce ne fut qu'après la mort de l'évêque qu'ils avaient outragé, que D. Hilaire Giraud d'Antibes fut reconnu comme abbé de

Lérins. Il est bon de défendre ses droits, mais on n'a jamais le droit d'injurier qui que ce soit, et encore moins un évêque.

Nous avons une idée de l'esprit qui régnait alors dans la célèbre abbaye.

VII

AFFAIRES D'ANTIBES.

Si Guillaume-le-Blanc eut des tribulations, il les chercha bien aussi quelquefois par son zèle un peu imprudent. On se rappelle combien la vicairerie apostolique d'Antibes avait excité déjà d'animosités. Les catholiques d'Antibes gémissaient, en effet, que leur ville fut devenue, sous la protection des Grimaldi, le rendez-vous des calvinistes, et ils exprimaient à l'évêque de Vence le désir qu'ils avaient de revenir sous la juridiction de l'évêque de Grasse. Guillaume-le-Blanc rédigea le mémoire suivant qu'il adressa à la cour :

« Le siège épiscopal d'Antibes fut anciennement transporté en la ville de Grasse par authorité du pape, à cause des courses que les pirates faisaient, et que la personne des évêques et des chanoines n'estoyt asseurée en la dicte ville d'Antibes, neanhmoingts demeura toujours au diocèse de Grasse, et l'évêque tout seul en avoit eu après, comme auparavant la justice haulte, moyenne et basse, trézains, fours et moulins, et tous autres droicts seigneuriaux, et encore le droict de percevoir lui tout seul la dime en tout le terroir du dict Antibes, et le château qui avait été la maison épiscopale demeura à lui, et faisoit desservir l'évêque de Grasse la paroisse d'Antibes par certains curés et prêtres. Avec succession de temps, un évêque de Grasse qui estoit de la maison de Grimaldi inféoda à un sien parent le château susdit et la seigneurie avec tous leurs droits, voir même la dime pour une rente annuelle de cinquante écus payable le jour de saint André ; et aulcuns veulent dire que ce fut en compensation de sept mille écus que le parent avait prêtés à l'évêque, lesquels il employa à un sien voyage de Rome, sans les convertir en aucun profit pour l'église.

« Et depuis, avec révolution du temps, les nouveaux seigneurs d'Antibes pour mieux s'établir, et se voyant supportés par l'évêque de Grasse, qui toujours se trouvoit estre de leur maison par la résignation qu'ils se faisaient, pratiquèrent de se distraire du diocèse de Grasse et de se dire de nul diocèse, comme de fait ils se disent aujourd'hui, ne voulant recognoistre en aulcune chose l'évêque de Grasse, et ils mettent au dit lieu un vicaire avec deux ou trois prêtres, et conviennent avec eux de leur donner une certaine somme pour toute l'année, et les dits seigneurs payent et les prêcheurs et le denier royal.

« Le moderne évêque y étant allé pour administrer le sacrement de confirmation, fut troublé par les dits seigneurs, lesquels prétendirent avoir droit à l'encens. Ce que l'évêque ne voulut pas faire, et ce dont les seigneurs ont appelé comme d'abus.

« C'est un grand scandale de voir gens laïques usurper ainsi les droits, biens et dimes de l'Eglise, de voir un lieu habité de tant de gens, destitué de Pasteur, et d'y voir la plupart du temps manquer le service divin, à cause que les prêtres ne sont pas du pays, et sans aucune correction de supérieur.

« L'évêché de Grasse, à cause de la dite aliénation, est si appauvri qu'aujourd'hui, charges acquittées, il ne saurait valoir que 2 ou 300 écus par an, et jadis fut conclu et arrêté en certain concile général que le dit lieu d'Antibes serait de nouveau réuni à l'évêché de Grasse ; et de fait, plusieurs évêques intentèrent procès tant par devant la cour et Parlement de Provence que de Paris ; mais à cause de leur mort et des troubles survenus, et aussi parce que le dit évêché revenait entre les mains des Grimaldi, le procès restait accroché et indécis.

« Il y a encore vingt ans que les habitants d'Antibes exhortaient l'évêque à reprendre le procès, lui demandant seulement procuration pour poursuivre en son nom, et s'offrant de tout payer, les troubles empêchèrent l'effet d'icelle résolution.

« La chose est encore faisable aujourd'hui, d'autant que par la disposition du droit canon, telles aliénations sont nulles quand elles sont faites après le concile de Latran.

« Monsieur le duc d'Epernon étant en Provence après la reprise d'Antibes, voulait racheter la dite seigneurie, et en offrait à M. de Grimaldi pour sa moitié la somme de 60 mille écus.

« Monseigneur le duc de Mayenne, à cause de Mme sa femme, possède toujours des biens en ces quartiers-là ; et même la baronne de Cipières y a pareillement un quart de la seigneurie, parce qu'anciennement les dits Grimaldi démembrèrent icelle seigneurie pour l'acquittement du doire des filles, et de la légitime des enfants de l'autre quart qui est divisé entre trois ou quatre seigneurs et dames.

« Or, on dit qu'autrefois Mgr le duc de Mayenne avait offert au dit sieur de Grimaldi pour sa moitié la somme de 60 mille écus, partie en biens fonciers proches de là (Villeneuve-Loubet); partie en argent, de manière que, par ce moyen, toute la seigneurie serait estimée 120 mille écus, de laquelle, néanmoins, l'évêque, ne se prendrait que 50 écus par an. Mais à notre connaissance, les habitants ne payent aujourd'hui la dîme qu'à leur volonté, et c'est au 40, tandis que tous les pays voisins payent au trezin. Tout ce que les seigneurs en retirent ne s'élève guère qu'à la somme de 6 ou 700 écus, et s'en va à l'entretien des prêtres. D'autre part, ce paiement fait par gens laïques, est trouvé si odieux et si scandaleux à toutes sortes de gens, que même un des cosseigneurs, le *capitaine Besson*, offrit, en l'année 1508, au moderne évêque de Grasse sa part de la dime, pourvu que sa part du fief lui restât, sans qu'il fut tenu à l'entretien des prêtres. Un autre cosseigneur, nommé Durand, tint le même langage à l'archevêque d'Embrum, à son retour de Rome par Antibes. Et sans le respect qu'on porte à Mgr le duc de Mayenne, il y a longtemps qu'on eût repris le procès. Mais comme monseigneur est fort affectionné à la manutension de l'église et des ecclésiastiques, il est vraisemblable que si toutes les choses lui sont remontrées par Mgr l'archevêque d'Embrum, Mgr le duc de Mayenne tâchera d'acheter toutes les juridictions d'Antibes et droits seigneuriaux, et il remettra toutes les juridictions au dit évêque de Grasse, sous le bon plaisir du pape ; et il n'empêchera pas que le dit évêque jouisse de la dime, fasse le service divin et exerce la juridiction spirituelle et le droit de supériorité sur les prêtres et sur les fidèles du dit lieu. »

Les Grimaldi et leurs partisans gardèrent rancune à Guillaume-le-Blanc, si bien que le digne évêque, soit qu'il allât à Vence, à Grasse, à Lérins, à Antibes, eut partout des ennemis; et il s'aliéna encore plus leurs cœurs, par ses légitimes et incessantes réclamations. — Non, je ne connais pas d'évêque plus éprouvé, je n'en connais pas qui ait plus marqué de constance, et qui ait moins réussi que lui.

VIII

LE NOUVEAU COMPÉTITEUR AU SIÉGE DE GRASSE

Un nouvel embarras surgit au pauvre évêque de Grasse et de Vence, en 1598. Georges de Poissieux comprenant qu'il ne pourrait jamais obtenir ses bulles du pape, céda son brevet du roi à Etienne-le-Maingre de Boucicaut, moine capucin, d'ancienne et illustre maison. Celui-ci, puissamment appuyé, intenta un procès à Guillaume-le-Blanc, pour qu'il eût à lui céder la place. Les débats s'engagèrent à Paris même.

Le pauvre évêque, dans sa supplique au roi, se plaint douloureusement de toutes ces persécutions, et d'une existence qui ne se passe qu'à guerroyer. — « On veut me dépouiller de mes deux évêchés, quand j'ai entre les mains les brefs royaux et les bulles pontificales. Un de mes chanoines de Vence a essayé de me supplanter, et voici qu'à Grasse, on tente de m'enlever à ce siège. » (Archives de la préfecture de Nice, évêché de Vence, 72).

Il se rend à Paris, où il voit à ce sujet le cardinal archevêque de Rouen, Charles de Bourbon, l'un de ses plus grands protecteurs. Le cardinal se rendait à Rome, et comme marque de l'estime qu'il professait pour Guillaume-le-Blanc, il le chargea, pendant son absence, de l'administration du diocèse de Rouen ; et il promit de s'occuper de son affaire en cour de Rome.

IX

UN MIRACLE AVÉRÉ.

Nous trouvons Guillaume-le-Blanc administrant le sacrement de confirmation à Pontoise le 7 avril 1599. On lui amena de Mantes un certain Nicolas Quenille, fou *furieux*, *lunatique*, dit le procès-verbal, pour être admis au sacrement. Les prêtres assistants firent observer à l'évêque que ce jeune homme était fou. « Eh! bien, reprit Guillaume-le-Blanc, ne connaissez-vous point la force de l'Esprit-Saint ? Ce pauvre malheureux peut bien recouvrer la raison par la vertu du sacrement. » Et l'évêque lui conféra l'Esprit-Saint. Chose remarquable, Nicolas Quenille fut miraculeusement guéri. Depuis ce jour, comme le constate le procès-verbal, il ne ressentit plus jamais la moinde atteinte de son mal. (Archives de la préfecture de Nice, évêché de Vence, 63).

X

Mort de Guillaume-le-Blanc.

Cependant le P. Le Maingre de Boucicaut gagnait son procès (19 mai 1599). Guillaume-le-Blanc en appelait au Conseil d'État, qui ratifiait l'arrêt (21 novembre 1601).

Désolé, il quitta Paris, et ne pouvant résister à ce dernier échec, il se mit au lit en arrivant à Aix, et y mourut saintement le 29 novembre de la même année. Charles de Saint-

Sixte, évêque de Riez, prononça son oraison funèbre ; son neveu, Guillaume-le-Blanc, prévôt du chapitre de Toulon, lui érigea dans la cathédrale Saint-Sauveur d'Aix un tombeau de marbre, sur lequel on lisait une longue épitaphe, toute en vers de sa composition.

En voici les trois derniers :

Nam licet hoc tumulo jaceat sub marmore corpus,
Mens tamen astra tenet totum et diffusa per orbem,
Insignis virtus agitat de morte triumphum.

Il était camérier du pape Sixte-Quint, savant théologien, poète :

... Suæ tempestatis primus facile princeps.

Il a beaucoup écrit soit en vers soit en prose. On parle aussi d'un de ses mandements contre les Loups-Garous. Je n'ai pu me le procurer. Il eut dû fournir une plus longue carrière, car il n'avait que quarante ans, lorsqu'il mourut.

Son inventaire que l'on a conservé dans les archives de l'évêché de Vence, prouve qu'il ne s'enrichit pas dans ses deux évêchés.

Le siége épiscopal de Vence fut donné au pieux Pierre du Vair, frère du célèbre chancelier (17 mai 1602). Etienne de Boucicaut n'obtint ses bulles que le 28 mars 1603. Il fut sacré à Grasse dans la cathédrale par Mgr François de Martiningue, évêque de Nice, assisté des évêques de Senez et de Vence (30 mai 1603).

ÉPHÉMÉRIDES CANNOISES

OU

CANNES PENDANT VINGT ANS

(1850-1870)

PAR A. MACÉ

En racontant, sous forme d'Ephémérides, les principaux événements qui se sont succédés à Cannes, depuis vingt ans, je me propose un double but : poser des jalons qui pourront servir plus tard pour écrire l'histoire locale, et conserver les noms de tous ceux qui, à des titres divers, ont le plus contribué à la prospérité du pays. Peu de villes en France, en effet, ont pris dans ces dernières années, un développement aussi important que Cannes. Toutefois, pour l'intelligence des faits, je ne crois pas sans intérêt, ni sans utilité, de dire ce qu'était Cannes antérieurement à l'époque que j'ai choisie pour point de départ de ces éphémérides et même au commencement du siècle.

Avant la construction de la jetée qui protège le port actuel, et qui ne fut commencée que le 5 juin 1838, encore bien que le Parlement de la Provence l'eût décrétée, et en eût assuré les fonds depuis 1781, la mer battait un petit promontoire de rochers sur lesquels était bâti le clocher encore existant de l'ancienne chapelle de Saint Pierre. Au nord-est de cette chapelle était une anse, dite *Caranca dei Catelans*, qui occupait l'espace où sont élevées aujourd'hui la maison du Génie, et toutes les constructions entre la rue de la Rampe et le quai Saint Pierre, jusqu'à la place Massuque. Cette *Caranque* avait pour limite au nord, des rochers à pic, au couchant desquels serpentait un sentier tortueux qui conduisait à la chapelle Saint Pierre. D'autres rochers bordaient ce sentier, en certains endroits dangereux; au-dessus était un terrain uni, dit le *Pré*, sur lequel la jeunesse de Cannes, sans distinction, venait danser pendant les belles soirées de l'été.

A partir de la place Massuque, jusqu'à l'entrée ouest du *Cours*, où existait un bâtiment appelé la *Consigne*, la mer occupait toute la longueur du quai Saint Pierre. Elle s'étendait même au-delà, jusqu'au pied du mur assez mince d'ailleurs qui supportait la grande route d'Italie, et était surmonté par un parapet, qui n'empêchait pas toutefois les vagues soulevées par le vent sud-ouest de le franchir bien souvent, et de mouiller les passants.

Un dessin à la mine de plomb, que son auteur a bien voulu offrir au musée, fait parfaitement voir que tel était encore l'état de ces lieux en 1837. Ce ne fut, en effet, qu'aux mois de mai et de juin 1849, que l'État fit vendre les terrains au midi de la route de Fréjus, et ce ne fut qu'à partir de ces aliénations que les premières maisons commencèrent à s'élever de ce côté.

A l'ouest, la ville avait donc, il y a moins de 40 ans, pour limite le pied de la colline au sommet de laquelle est bâtie l'église paroissiale. Pour se rendre à cette église, les fidèles montaient par un sentier étroit, irrégulier, bourbeux en hiver, et souvent impraticable. Ce fut de la bienveillance de M. Chevalier, alors préfet du Var, que la commune obtint le chemin actuel, et en souvenir de cet acte, une délibération du conseil municipal, du 23 mars 1823, décida qu'à l'avenir le Mont de la Paroisse porterait le nom de *Mont-Chevalier*.

Au-delà de cette colline, à partir de l'ancien sentier du Pré, en deçà comme au-delà du torrent le *Riou*, on ne rencontrait le long de la route de Fréjus, que quelques bastides peu importantes.

En 1835, lorsque lord Brougham, forcé de séjourner à Cannes, par suite du cordon sanitaire établi au Var, à cause du choléra, acheta le 3 janvier, par le prix de 13,500 francs la propriété qui devint sa résidence de prédilection, aucune construction ne s'élevait encore dans ce quartier. Depuis le rivage de la mer jusqu'à la grande route, on n'apercevait que des dunes. Le doyen de la colonie étrangère, l'ex-chancelier d'Angleterre, en posant sa tente au milieu des oliviers et des pins, devait porter bonheur à sa ville d'adoption, mais on était loin de supposer alors « qu'un concours heureux de circonstances amènerait dans peu d'années une affluence inespérée de riches familles qui achèteraient ou bâtiraient les belles villas qui font aujourd'hui l'ornement de notre station hivernale.» Mais j'anticipe, et je reprends la description topographique de la ville.

La première *consigne* dont j'ai parlé, et qui fut construite à l'extrémité ouest du Cours, au commencement de la révolution de 1789, le fut en partie dans la mer, sur des rochers. Sa porte au nord ouvrait sur la grande-route, mais sa façade au midi était baignée par le flot. Depuis ce bâtiment, jusqu'à la grande maison Gazielle appartenant maintenant à M. Morlot, à l'extrémité Est du Cours, la mer couvrait non-seulement les *Allées*, mais aussi une partie du Cours, ne laissant de libre, et encore pas toujours, que la grande-route, jusqu'à la rue Féry.

Le 3 février 1823, à la suite d'une forte tempête, les vagues soulevées à une grande hauteur, traversèrent le Cours, la grande route, et inondèrent un corps de garde de douaniers établi dans le voisinage de cette rue.

La maison où se trouve le Cercle du Commerce, sur le Cours, propriété alors de M. Ricord, de Grasse, fut bâtie sur un terrain vendu par l'évêque de Grasse, à l'extrême limite du flot. La maison Gazielle fut construite dans les mêmes conditions. Bien avant la Révolution, elle fut bâtie pour servir de chapelle aux Pénitents Blancs ; mais elle ne reçut jamais cette destination. Comme elle tombait en partie en ruines, elle fut achetée par un sieur Bounin, de Grasse, qui la convertit en fabrique de savon ; mais la mer en battant et en creusant le mur sud, faisait surnager l'huile renfermée dans les piles. Achetée et restaurée par M. Gazielle, elle devint une auberge et plus tard servit de magasin à huile et à blé. C'est aujourd'hui le Splendid Hôtel.

A l'est de cette maison, se trouvait le chantier de construction de navires, tant en amont qu'en aval de la grande route. La proue des bâteaux débordait même souvent sur la voie publique et la mer n'était guère plus distante du chantier, que du bord nord de la rue Bivouac.

Plus tard, la construction des navires ayant beaucoup diminué, par suite de l'apparition des bâteaux à vapeur, et les constructeurs de Cannes étant réduits à un seul, le sieur Alexandre Arluc, qui ne faisait plus que des bâteaux pour la pêche ou les réparait, le chantier fut abandonné et transporté, à la demande de la mairie, au midi de la maison Gazielle, sur le rivage abandonné par la mer, qui forme aujourd'hui la place dite encore du Chantier. Il y fut maintenu pendant longtemps et n'a été de nouveau changé que dans ces dernières années. L'emplacement ainsi rendu libre, des deux côtés de la route d'Italie, fut planté en platanes en 1823. Cette même année eût lieu également la plantation des ormes sur la place devant le presbytère et l'église paroissiale.

Les terrains tant au nord qu'au midi de la route qui s'étendaient de la place du Chantier à l'ancien lit du *Castagnié*, furent vendus en 1834, comme biens communaux, au prix de deux à dix francs le mètre. Les platanes déjà très gros furent arrachés, et on commença à bâtir, d'un côté, depuis la maison n° 2 de la rue d'Antibes, jusqu'à l'encoignure de la rue de la Vapeur ; et de l'autre côté, depuis l'Hôtel du Nord jusqu'à la traverse de la rue de la Pompe. Derrière cette rue était le mur de clôture du vaste enclos des Capucins.

A l'extrémité Est de la rue de la Pompe, se trouvait une jolie et assez grande chapelle, sous le vocable du St Esprit. Elle occupait l'espace compris depuis la pharmacie Ardisson, n° 7 de la rue d'Antibes, jusqu'à la moitié environ de la largeur de la rue de la Vapeur. Au pied du clocher de cette chapelle coulait, en formant un coude, le ruisseau le *Castagnié*, dont on a fait depuis le *Chataignié*, se dirigeant en ligne droite à la mer, après avoir passé sous un pont en pierres de taille de la grande route. Tout près de ce pont existait un cône aussi en pierres de taille, ayant plus de deux mètres d'élévation, surmonté d'une grande croix en fer, avec deux rangées de belles marches des quatre côtés. Ce cône et cette croix, d'après la tradition, avaient été érigés après la sortie des Allemands de la Provence.

La chapelle du St Esprit ne fut pas vendue par la nation qui s'en empara toutefois, pour y construire une boulangerie militaire d'une certaine importance puis qu'on y établit trois grands fours avec pétrins et autres accessoires, pour fournir les pains de munition aux troupes journellement de passage et à la garnison de l'Ile Sainte Marguerite. Plusieurs années après, un républicain acheta cette chapelle avec quelques assignats, et la convertit en vaste cabaret. Plus tard elle fut encore revendue et devint auberge. Elle n'existe plus.

Après avoir passé le pont du Châtaignié, on suivait un sentier tracé sur des amas de sable qui conduisait à la chapelle de Notre-Dame-de-Bon-Voyage. Cette chapelle était alors la seule construction dans tout le parcours du Châtaignié jusqu'au torrent la *Foux*, et depuis la grande route jusqu'au rivage de la mer. Cette vaste étendue de terrain représentée par les rues nouvelles de la Vapeur, Bossu, Saint Honoré, Notre-Dame, de la Foux était couverte de hautes dunes, à l'exception d'une étroite lisière en aval de la route, et d'une partie au nord-est de la propriété de M. Herman.

Je ne dois pas omettre de mentionner ici, quoique de date plus ancienne, le vaste enclos et la belle église des Capucins que j'ai déjà cités, et dont une de nos rues porte encore le nom. Cet enclos était borné au nord par les chemins du Cannet et de Vallauris ; au couchant par la rue de Grasse ; au midi par le chantier de construction, la chapelle du Saint Esprit, et le torrent le Châtaignié, qui, avant sa déviation, longeait les murs sud des maisons Rigal, Autran, Sicard, c'est-à-dire les nᵒˢ de 19 à 11 de la rue d'Antibes ; et enfin au levant par le même torrent. Il fut vendu par la nation, au prix de 7000 livres d'assignats, qui ne valaient pas à l'époque 70 francs.

L'église n'avait qu'une seule nef très large, avec trois vastes chapelles à l'est : la chapelle saint Edme, la chapelle de la Vierge de Bon-Secours, et une troisième plus élevée, à droite du maitre-autel. Celui-ci était adossé au mur, et avait à droite et à gauche deux grandes portes donnant entrée à un vaste chœur qui servait en même temps de sacristie. Ce chœur existe encore en son entier, et est converti en remise.

Après l'enclos des Capucins, depuis le pont du Châtaignié

jusqu'à celui de la Foux, et au-delà, tout l'espace où sont maintenant les rues d'Antibes, de la Gare des Voyageurs, Sainte Marguerite, St Nicolas, des Capucins, de la Gare des Marchandises, etc., n'était que jardins ou terrains en labour.

En 1850, le périmètre de Cannes s'arrêtait encore, du côté de l'est, à la rue Bossu qui n'était même pas livrée au public. Quelques maisons existaient déjà, sans doute, dans le prolongement de la rue d'Antibes, mais en très petit nombre, et aucune construction ne se voyait au delà de la Foux. La première bâtie dans cette partie qu'on appelait alors la Sibérie, ne l'a été qu'en 1859, par M. Guize. Elle porte le n° 56 de la rue d'Antibes.

Au midi, la ville ne s'étendait pas au-delà du Chataignié; la chapelle de Notre-Dame-de-Bon-Voyage était encore isolée. La plage jusqu'à la *Croisette* n'était qu'une vaste lande sablonneuse, traversée par des petits cours d'eau qui coulaient entre des dunes, sur lesquelles croissaient quelques plantes rabougries et des touffes de roseaux. Ce fut seulement vers 1846 ou 47, qu'une savonnerie établie à l'entrée nord de la rue Bossu, voulant se débarrasser des matériaux provenant de l'exploitation, les fit porter le long du rivage, et commença ainsi un chemin qui ne devint praticable, qu'après les travaux que M. Mangini, entrepreneur du chemin de fer y fit exécuter à la fin de 1860. Ce ne fut également qu'à cette époque, que les propriétaires des terrains limitrophes, songèrent à utiliser leurs monticules de sable, en les nivelant et en y bâtissant. C'est ainsi que les hôtels Gonnet, à M. Marius Barbe, Gonnet et de la Reine, à M. le Goff furent les premières habitations construites sur le rivage vers 1859.

Au nord de la rue d'Antibes, y compris l'emplacement de la gare, aucune des rues actuelles n'était même tracée en 1850, en sorte qu'il est vrai de dire que tout le quartier de la basse ville, depuis la route de Grasse, ne remonte pas au-delà de trente ans.

Enfin, du côté de l'ouest, Cannes, à la même époque, s'arrêtait au quai Saint-Pierre. La rue de Fréjus n'était habitée que dans sa partie la plus rapprochée du Cours, et pas une des maisons aujourd'hui bâties aux alentours du Riou n'existait. Le versant ouest de la montagne de l'Eglise couvert maintenant d'habitations, n'offrait également aux regards qu'un rocher inculte.

Dans l'intérieur de la cité, les rues de la Foux, de Notre-Dame, Saint-Honoré, Bivouac, étaient seulement tracées, mais non bordées de maisons.

Le terrain dit de la Marine, n'a été nivelé et planté que vers 1847 ou 1848 ; il était antérieurement couvert de petites élévations gazonnées, et coupées par les égouts de la ville qui, au sortir des ponceaux du Cours, suivaient des fossés, et allaient se perdre dans le sable.

La campagne n'était point non plus embellie par les pittoresques villas qui la parent de nos jours. On n'y comptait guère alors, sur la route de Fréjus, que le château Eléonore, à lord Brougham, la plus ancienne des résidences d'hiver ; le château Saint Georges, construit par le général Taylor en 1837 ; le château Leader, un peu postérieur ; le château Court, considérablement agrandi depuis, sous le nom d'Hôtel Beau-Site, qui date de 1840 ; et enfin l'ancienne maison François Girard ; et du côté opposé, la villa Alexandra, construite par M. Tripet-Scrypitzine en 1850 ; la maison Desmarets, aujourd'hui hôtel Beau-Séjour, plus ancienne, et enfin la villa Montfleury, alors à M. Buquet, qui remonte à 1847 ; en tout donc une dizaine d'habitations. Pour comprendre immédiatement l'augmentation qui s'est produite, il me suffit de dire qu'en 1869, Cannes possédait sur son territoire 215 châteaux ou villas et 34 hôtels ou pensions. Depuis ce nombre s'est encore beaucoup accru.

Telle était Cannes en 1850. Son étendue bien restreinte, ainsi qu'on le voit, suffisait cependant à la population qui n'était alors que de 4,068 âmes. Ce chiffre, comparé à celui du dernier recensement fait en 1866 portant à 9,628 le nombre des habitants, prouve encore combien la ville s'est développée depuis vingt ans.

A cette même époque, les familles qui prenaient à Cannes leurs quartiers d'hiver, étaient à peine de vingt à trente par saison, et encore ces familles se composaient, en général d'un petit nombre de membres. Dans l'hiver de 1855, la colonie étrangère n'atteignait pas cent personnes. A partir de cette année, ce nombre s'est si considérablement augmenté, que les dernières listes d'étrangers constatent, chaque hiver, de six à sept cents familles, sans compter toutes celles qui ne font dans les hôtels qu'un court séjour.

On comprend que pour les besoins d'une population aussi peu élevée que celle de Cannes en 1850, les ressources de la ville fussent loin d'être, ce qu'elles sont devenues depuis. Ainsi, aucun des riches et élégants magasins devant lesquels l'étranger s'arrête complaisamment aujourd'hui, n'existait : les boutiques étaient non-seulement plus que modestes, mais on était souvent obligé de recourir à Nice, même pour les choses les plus usuelles. Point de marchands de comestibles et surtout de ces denrées de luxe si recherchées par nos hôtes de l'hiver ; les boucheries elles-mêmes étaient peu approvisionnées ; on y trouvait rarement du bœuf. Ce n'est qu'à partir de 1859, après l'arrivée à l'Ile Sainte Marguerite, des malades et des blessés de la guerre d'Italie, qu'on commença d'avoir régulièrement de cette viande.

On y eut aussi vainement cherché des marchands de nouveautés, pas plus que des magasins de mode ou de confection. En un mot, Cannes n'était qu'un bourg.

A d'autres points de vue, ses ressources se sont aussi bien multipliées. Ainsi, en 1850, l'éducation des enfants était fort difficile à Cannes sinon impossible. De nos jours, au contraire, les familles ont à leur choix de nombreux maitres ou maitresses pour l'instruction ou les arts. Elles ont, en plus, une institution d'enseignement secondaire qui peut rivaliser avec les meilleurs établissements universitaires, et plusieurs couvents ou pensionnats pour les jeunes personnes. Un gymnase fort bien installé est ouvert tous les jours pour les exercices du corps. Quatre stations de voitures de place et de nombreuses voitures de remise sont constamment à la disposition du public pour les promenades ou les courses. Deux cercles offrent aux étrangers des salles de billard, de jeu, de conversation, de lecture, où sont reçus la plupart des journaux français et étrangers, ainsi que les principales revues et publications littéraires. De vastes salons y sont également réservés pour les réunions du soir, les concerts, les bals et le spectacle.

On trouve en plus à Cannes une Société de Régates et une Société hyppique avec un magnifique champ de courses et un vaste emplacement pour jeux d'adresse ; une Société agricole et horticole, et, enfin, une Société des Sciences naturelles et historiques, des lettres et des beaux-arts. Cette dernière possède un musée regional dont les collections peuvent chaque semaine être visitées, ainsi qu'une bibliothèque dont les ouvrages sont également à la disposition du public.

Cannes s'énorgueillit encore de plusieurs établissements charitables : un hopital, une salle d'asile, un orphelinat de jeunes filles sous le vocable du Sacré-Cœur, une Providence ou maison de refuge pour les jeunes filles, un bureau de bienfaisance, une conférence de St Vincent-de-Paul, une association de Dames de la Miséricorde, un asile pour les vieillards tenu par les Petites Sœurs des Pauvres, une Société de secours mutuels, une prud'hommie pour les marins-pêcheurs, enfin un asile spécialement sous la direction des protestants.

Avec l'église paroissiale, il y a encore à Cannes quatre chapelles catholiques, indépendamment des chapelles des communautés et les cultes dissidents y comptent plusieurs temples, où les exercices se font en diverses langues.

Mais je crois devoir arrêter ici l'énumération des principaux avantages que Cannes offre actuellement. Ils seront d'ailleurs rappellés dans les éphémérides. Je signale seulement en terminant deux faits qui établissent, à des points de vue divers, combien a été grande et continue la prospérité de Cannes depuis 1850.

A cette époque les terrains ne se vendaient guère plus de un à deux francs le mètre : aujourd'hui, dans la campagne, ils valent depuis 5 francs jusqu'à 20 francs et au-delà, selon la distance et l'exposition; et en ville, dans quelques quartiers, ils atteignent 50 fr. et même davantage.

D'un autre côté, au point de vue de la situation financière de la commune, il est remarquable que tandis que les comptes administratifs pour l'année 1849, portaient les recettes à 23,173 fr. et les dépenses à 25,365 fr., dans le budget provisoire de 1870, les recettes sont évaluées à 232,073 fr. et les dépenses à 207,401 fr. Ces chiffres sont assez éloquents par eux-mêmes pour pouvoir se passer de tout commentaire.

1850

—

JANVIER

1ᵉʳ — Administration municipale : MM. Guichard, adjoint, faisant les fonctions de maire, Barbe, Rey fils, Levrault, Raybaud, Monnier, Rance (cadet), Gras Honoré, Thémèze, Perron, Le Cerf (ainé), Ardisson Jacques, Sève Théodore, Saissy Honoré, Ardisson Antoine, (ainé), Escarras Honoré, Trestour (ainé), Arluc Honoré, Pellegrin Pierre-Jean, Négrin, Borniol Auguste, Süe, Hibert Charles.

FÉVRIER

10. — Délibération du conseil communal qui autorise le maire à s'entendre avec les propriétaires intéressés, pour le percement de la rue de *la Vapeur*, du côté nord, sur la route du Cannet.

17. — Le conseil municipal réclame l'établissement d'un feu de port à l'extrémité du mole.

Il décide d'urgence de rechercher les droits de la commune de Cannes sur les forêts de son territoire, et de faire valoir ces droits à l'encontre des propriétaires de ces forêts.

Etablissement d'une deuxième boite aux lettres à la Consigne.

23. — Nomination d'une commission pour fournir à M. Gaduel, ingénieur des ponts et chaussées, tous les renseignements nécessaires pour l'achèvement des études du canal d'irrigation destiné à amener à Cannes les eaux de la Siagne.

MAI

9. — Création d'un troisième vicaire pour la paroisse, sur la demande du conseil de fabrique.

Rapport de la commission du conseil municipal chargée d'établir les droits de la commune de Cannes à la propriété des terrains situés au midi du Cours, dits de la marine, contestée par le directeur des domaines. — La commission conclut en faveur de la commune, « en vertu de la possession immémoriale, de jugements sur procès longuement débattus, de décisions administratives rendues par les représentants de l'Etat lui-même, et enfin de l'acquiescement de l'administration domaniale à la propriété communale de ces terrains, dont les habitants de Cannes disaient déjà en 1792, que c'était le *local le plus précieux de la ville et le plus utile aux besoins des citoyens et de toute la marine.* »

AOUT

14. Vote de 4,000 francs pour la construction d'une salle d'asile créée en 1849.

OCTOBRE

20. — Vente de terrains communaux au Riou.

NOVEMBRE

10. — Projet de creusement d'un puits, au quartier neuf, pour amener l'eau dans l'enceinte de la ville, « par un *moyen mécanique,* le besoin d'eau se faisant de plus en plus sentir, à *cause de l'augmentation de la population.* »

18. — Le conseil municipal décide la création d'un chemin de dix mètres, au Riou, sur les terrains communaux, vendus le 20 octobre précédent.

1851

—

MARS

2. — Vote d'un crédit de 319 francs pour des travaux de réparation à exécuter au pont du Riou, « attendu, dit la délibération, l'urgence de conserver cette vieille construction, et qu'il est convenable de ne point laisser tomber en ruine une batisse fort intéressante au point de vue de l'art, et qui est le plus vieux monument que la ville possède à ses portes. »

AVRIL

24. — Le conseil municipal exprime à M. Guichard, qui s'est démis de ses fonctions de 1er adjoint, « ses regrets de ne plus le voir à la tête de l'administration dont il a supporté seul le fardeau, pendant près de deux ans, avec un dévouement et une sollicitude dont la commune de Cannes lui a une profonde reconnaissance. »

Sont nommés : maire, M. Barbe ; 1er adjoint, M. Gras ; 2e adjoint, M. Rey.

MAI

8. — Cession par la commune à l'administration des ponts et chaussées, d'une parcelle de terrain pour la construcéton d'un escalier, au quartier de Saint Pierre, afin d'établir une communication directe entre le port et la route nationale.

14 et 18. — Rejet, par le conseil municipal, de la demande faite par M. le curé de Cannes, de rendre au culte l'ancienne chapelle de Sainte Anne, « attendu que c'est un monument communal qui peut, dans un moment donné, être utilisé pour

des besoins civils et militaires. » Cette chapelle a déjà servi de prison et plusieurs fois il a été question de la convertir en caserne.

Le conseil trouverait, en conséquence, préférable de construire une chapelle dans le bas quartier de la ville.

29. — Dans un exposé sur la situation de Cannes et ses projets d'avenir, M. Barbe, maire, propose divers embellissments en vue de l'extension de la ville, et notamment une promenade sur le rivage à l'Est et à l'Ouest de Cannes, et la création du canal de la Siagne, en y affectant une somme de 100,000 francs à prendre sur le produit de la vente des terrains de la marine.

SEPTEMBRE

28. — Le conseil municipal délibère que la maison dite *la Consigne*, à l'entrée de la ville, sera démolie, parce qu'elle est un entrave à la circulation et disgracieuse pour la promenade.

NOVEMBRE

16. — L'administration municipale décide de confier la direction de l'école communale à des frères de l'école chrétienne.

Elle délibère d'ouvrir une souscription sous son patronage, pour l'achat des eaux du canal projeté de la Siagne, et d'affecter une somme de 10,000 francs en annuité, au besoin capitalisable par un emprunt, à l'achat d'eaux pour fontaines de ville, avec faculté de revendre l'excédant de ces eaux au profit de la commune.

1852

—

JANVIER

4. — Vote d'une adresse au président de la République.

JUILLET

29. — Installation d'une nouvelle administration municipale, composée de MM. Barbe, maire, Raybaud et Bertrand,
adjoints.

Approbation par le conseil municipal d'une délibération du
conseil de fabrique, tendant à acheter de M. Tournaire, la chapelle de Notre-dame-de-Bon-voyage, par le prix de 6,000
francs, pour la livrer au culte, « attendu que l'augmentation
de la population et la distance fort grande qui sépare les
quartiers neufs de Notre-Dame et du Chataignié, de l'église
paroissiale, rendent indispensable l'établissement d'une chapelle de secours dans lesdits quartiers. »

SEPTEMBRE

10. — Installation du nouveau conseil municipal, dont font
partie MM. Barbe, maire, Levrault (cadet), Trestour, Le
Cerf, Autran (fils), Perron, André de Collongues, Monier,
Raybaud, Cauvin, Massuque, Olivier, Thémèze, Guichard,
Gras, Bertrand, Rigal (fils), Merle, Sève Théodore et Ar-
disson.

Dans cette séance, M. Barbe, maire, énumère les principaux travaux ou améliorations qu'il a pu exécuter avec le
concours du précédent conseil municipal. Il cite :

1° La promenade nouvelle (les Allées), qui fait l'ornement

du pays, en même temps qu'elle a été la consolidation des droits de la commune à l'encontre de ceux qui voulaient lui en contester la possession.

2° La construction et l'achèvement du nouvel abattoir (au Riou), qui a permis de se débarrasser de cette immonde boucherie existant au sein même de la ville, et de conserver les droits de la commune à des terrains qu'on voulait lui enlever.

3° L'établissement définitif du cimetière nouveau, sur le plateau du Caroubier.

4° La fondation d'une école gratuite de jeunes filles à l'Hospice, et l'école des garçons rendue entièrement gratuite.

5° Le percement du Châtaigné.

Comme travaux prochains ou projetés le maire signale :

Le percement de la rue de la Vapeur ;

La reconstruction et l'élargissement du chemin du Cannet et de la Peirière ;

La construction d'un hôtel de ville en rapport avec l'importance de la ville ;

La création de promenades nouvelles sur le bord de la mer, vers la Croisette et la Bocca ;

Enfin, l'adoption d'un plan de la ville.

OCTOBRE

7. — Les capitaines marins demandent la création d'un petit phare sur le musoir de la jetée. Leur pétition, approuvée par l'autorité est envoyée au prince-président.

Acceptation, par le conseil municipal, de la proposition faite par l'administration des droits indirects d'établir un entrepôt des tabacs, à Cannes.

NOVEMBRE

7. — Le conseil municipal, après avoir déterminé l'en-

ceinte de la ville pour les logements militaires, décide que les maisons seront numérotées, et donne aux rues non encore nommées, les dénominations suivantes :

Rue de la Vapeur ; — rue Bivouac-Napoléon ; — rue d'Antibes ; — rue de la Foux ; — Rue du Cannet ; — rue de Vallauris, de l'embranchement du chemin du Cannet au pont de la Peirière ; — rue Notre-Dame ; — rue Saint Honoré ; — quai Saint Pierre ; — rue du Quai, derrière le quai jusqu'à la traverse Saint Pierre (1); — Traverse Saint Pierre, de la maison du génie au chemin de Fréjus ; — rue de Fréjus ; — rue du Mont-Chevalier ; — rue de l'Abattoir, de la rue Traverse Saint Pierre à l'Abattoir (2); — Traverse de l'Abattoir, de la rue de Fréjus à la mer en traversant la rue de l'Abattoir (3) ; — rue du Pré ; — rue du Riou, du pont romain à la rue de Fréjus (4) ; — rue de la Pompe.

11. — L'administration municipale réclame de nouveau la construction d'un escalier pour aller du Port à la route de Fréjus.

28. — Vote, avec l'adjonction des plus forts contribuables, d'une contribution extraordinaire, de 15 centimes, sur les quatre contributions directes, pendant dix ans, pour la création du canal de dérivation de la Siagne.

DÉCEMBRE

12. — Projet de voies et moyens d'exécution du canal projeté de la Siagne dont la dépense est évaluée à 600,000 francs.

1° Subvention à demander au gouvernement fr.   100,000

2° A fournir par la commune au moyen de ressources nou-

---

(1) Actuellement rue de la Rampe. — (2) Boulevard du Midi. — (3) Traverse du Rédan. — (4) Boulevard Frémy.

velles à créer (révision de l'octroi), et par voie d'emprunt fr. 200,000.

3° A obtenir du concours des habitants ou autres personnes, contre 600 actions, de 500 francs chaque, 300,000 fr.

1853

—

JANVIER

9. — Le conseil municipal, « considérant qu'il importe à la prospérité de la ville de Cannes, soit pour le présent, soit pour l'avenir, de ne négliger aucun moyen d'accroître les avantages naturels de son heureuse position topographique et de la douceur de son climat.....; que les deux golfes formés des sables de la mer tout-à-fait improductifs pour l'Etat, qui s'étendent à l'Est, de Cannes à la Croisette, et à l'Ouest, de Cannes à la Bocca, sont éminemment propres à être transformés en promenade publique, unique en France, par les agréments qu'elle offrirait au public... délibère de demander à l'Etat, dans un but d'utilité générale, la concession gratuite, et, au besoin, à prix d'argent, des sables improductifs qui se trouvent depuis le golfe de la Croisette, jusqu'à celui de la Bocca. »

FÉVRIER

2. — Vote d'une adresse à S. M. l'empereur Napoléon, à l'occasion de son mariage.

10. — Grande tempête pendant laquelle la mer en furie envahit le rivage à une grande distance, et qui nécessite une délibération du conseil municipal pour demander de nouveaux

travaux à la jetée, un phare depuis longtemps reclamé, et que l'administration des domaines et de l'enregistrement n'aliène plus à l'avenir, comme terrain à construction, les sables qui sont derrière les maisons bâties près du rivage, à partir du domaine Isnard, jusqu'au mur de clôture du jardin Rey ; les concessions faites aux sieurs Jaume et Gazagnaire établissant une ligne déjà trop rapprochée de la mer.

MAI

1er. — L'administration locale renouvelle la demande à l'Ftat, d'une concession, à titre gratuit, de 25 mètres. dans l'étendue des golfes de la Croisette et de la Napoule, jusqu'à la Bocca, pour y construire un chemin avec deux rangées d'arbres.

AOUT

7. — Délibération du conseil, avec le concours des plus hauts imposés, pour obtenir du gouvernement l'autorisation d'emprunter, en 1854, une somme de 500,000 francs, remboursable en cinquante ans, et affectée à la construction du canal de la Siagne.

Demande au gouvernement d'une subvention de 100,000 francs, pour les mêmes travaux.

1854

—

JANVIER

20. — Décret impérial qui nomme M. Millet, chef de

bataillon en retraite, adjoint au maire, en remplacement de M. Bertrand décédé.

FÉVRIER

12. — Une plantation de platanes sur le Grand Cours est autorisée.

Le conseil demande au gouvernement l'établissement d'un bureau télégraphique en offrant le local à titre gratuit.

Il émet l'avis qu'il y a lieu de faire droit à la demande de la commune de Mandelieu d'être distraite du canton de Grasse pour être réunie à celui de Cannes.

MAI

14. — Pour arriver à une transaction, le conseil municipal délibère de proposer le paiement de la moitié de la valeur des terrains de la Voirie, estimés par l'administration des ponts et chaussées.

JUILLET

27. — Le conseil réclame la construction d'un pont sur le Châtaignié et le prolongement des aqueducs de la marine sur le sol du domaine public, afin de remédier aux inconvénients qui résultent de la stagnation des eaux de la ville, exposées au soleil, faute d'écoulement.

Il réitère sa demande d'un bureau télégraphique avec obligation :

1° De fournir le local ; 2° de faire face annuellement aux frais de bureau et d'entretien du poste ; 3° de verser au trésor la différence entre les frais ci-énoncés, le traitement des employés et le produit des recettes de télégraphie privée, tant que lesdites recettes seront inférieures aux dépenses.

AOUT

13. Il est pris des mesures d'hygiène, et on vote des secours à donner, en nature, aux nécessiteux, pour améliorer la santé publique et prévenir l'invasion du choléra.

DÉCEMBRE

10. — L'agrandissement du pont du Châtaignié en construction, est décidé « afin de le relier aux constructions déjà existantes, et parce que ce pont est destiné à une nouvelle voie de communication qui est le commencement du chemin de la Croisette, dont la population demande avec instance la création. »

1855

—

FÉVRIER

4. — L'utilité de l'établissement d'une église centrale est reconnue par l'administration, qui approuve, pour son emplacement, le terrain à l'est de celui de la marine, vers le torrent le Châtaignié.

11. — Le conseil municipal considérant que le chantier de construction de navires est trop voisin des maisons ; que touchant à la promenade, il est incommode à la population ; que le terrain est d'ailleurs impropre à sa destination, attendu qu'on ne peut y construire des navires de commerce, faute de pouvoir les mettre à la mer, la plage n'ayant sur ce point qu'un fond mouvant et d'une profondeur insuffisante, demande qu'il soit supprimé et transféré sur le rivage ouest de la ville, près des terrains dits de la Voirie.

Dans la même séance, il émet encore le vœu que le gouvernement fasse reprendre les études pour le projet d'une contre-jetée au port de Cannes.

MAI

13. Pétition des habitants pour demander l'établissement de fontaines jaillissantes dans la ville.

20. — Délibération du conseil qui reconnaît l'établissement de ces fontaines indispensable.

Il reconnaît aussi l'urgence de l'agrandissement du cimetière.

JUIN

29. — Installation de la nouvelle administration municipale nommée par décrêt de l'Empereur du 14 juin. MM. Barbe, maire; Raybaut, 1ᵉʳ adjoint; Millet, 2ᵉ adjoint.

JUILLET

7. Le conseil renouvelle sa demande pour la translation du chantier de construction à l'ouest de la ville.

AOUT

Installation du conseil municipal composé de MM. Barbe, Raybaut, Gras, Le Cerf, Autran fils, Saissy Jules, Sève Jean, Jeancard, Ardisson, Rigal fils, Rusque, Mollard, Guichard, Cauvin, Merle, Millet, Le Goff, Sardou, André de Collongues, Mounier, Levrault, Trestour et Thémèze.

SEPTEMBRE

12. — Décret impérial qui nomme M. Millet maire de Cannes, et M. Merle, Jean-Paul, 2ᵐᵉ adjoint.

27. — Séance d'installation de M. Millet, maire, dans laquelle le conseil, à l'unanimité, vote des remerciments à M. Barbe, ancien maire, « pour sa bonne administration, et lui exprime, en même temps, tous ses regrets de le voir quitter des fonctions qu'il a si dignement et si honorablement remplies. »

DÉCEMBRE

2. Le conseil demande à faire l'acquisition des terrains dits de la Marine, non contestés par le domaine, quelle que soit leur superficie, qui se trouvent compris entre ceux contestés que l'Etat propose de céder à la commune, et l'espace à réserver au domaine public ou à l'amirauté.

Le conseil sollicite de l'Etat la faveur de ne payer que la moitié du prix d'estimation de ces terrains.

1856
—

MARS

17. — Adresse à S. M. l'Empereur Napoléon III, à l'occasion de la naissance du prince impérial.

MAI

15. — Le conseil municipal propose de nouveaux impôts sur les tarifs d'octroi pour faire face aux nouvelles dépenses projetées.

JUILLET

28. — Décret impérial qui nomme M. Rigal Antoine, adjoint au maire de Cannes, en remplacement de M. Raybaud démissionnaire.

NOVEMBRE

9. Vote de fonds pour achat de 100 platanes destinés à former une nouvelle rangée d'arbres au midi de la promenade des Allées.

Vote de l'indemnité fixée par le jury pour le percement de la rue de la Vapeur.

Construction d'un garde-fou le long des escaliers qui conduisent au phare.

1857

—

JANVIER

26. — Crédit de 2,000 francs pour la création d'un atelier de charité « afin de soulager les classes laborieuses pendant la saison d'hiver. »

FÉVRIER

8. — Plantation de 100 platanes sur la promenade des Allées.

Projet d'ouverture d'une nouvelle rue partant du quai St-Pierre et allant aboutir à la rue de la Rampe.

MARS

26. — Pétition des habitants demandant à l'autorité de prendre des mesures afin de garantir la salubrité publique compromise par la stagnation des eaux dans les aqueducs destinés à les conduire à la mer, en traversant le Cours et les Allées.

AVRIL

15. — Vote de 2,500 francs pour travaux à exécuter aux aqueducs de la ville.

26. — Commission du conseil municipal devant se rendre à Grasse, auprès du sous-préfet, « afin de manifester les sentiments de reconnaissance de la population envers le gouvernement de S. M. l'Empereur, ainsi que ses vœux, pour l'adoption définitive et la prompte exécution du tracé indiqué dans l'avant-projet du chemin de fer de Toulon au Var. »

SEPTEMBRE

27. — L'agrandissement du cimetière du côté nord-est, reconnu indispensable est voté d'urgence.

NOVEMBRE

1er — Changements apportés dans la dénomination de quelques rues :

La rue de l'Abattoir prend le nom de Boulevard Malakoff ; — la Traverse de l'Abattoir, celui de Traverse du Redan.

Le conseil municipal repousse la proposition du ministre de l'intérieur de faire rentrer le service du bureau télégraphique dans la catégorie des postes limités. Il s'appuie sur ce que les recettes du bureau se sont élevées pour les dix premiers mois de l'année 1857, à 3,757 francs, et que ces recettes vont toujours en augmentant.

1858

—

JANVIER

3. — Avis est donné que, par suite des observations de l'administration, le bureau télégraphique est maintenu dans les mêmes conditions.

FÉVRIER

3. — Décret impérial qui nomme M. Saissy Jean-Baptiste, adjoint au maire en remplacement de M. Merle, démissionnaire.

28. — Avis favorable du conseil municipal pour la fondation à Cannes d'un pensionnat de jeunes personnes, dirigé par les Dames de l'ordre de Saint Thomas-de-Villeneuve.

JUILLET

22. — Le conseil renouvelle sa demande des 4 décembre 1853 et 8 décembre 1855, de faire l'acquisition des terrains de la marine.

29. — Convention entre la commune et M. Roux de Brantes, ingénieur hydroscope, pour le forage d'un puits artésien. Forage fixé à 120 mètres, volume d'eau potable évalué à 200 litres à la minute, devant jaillir à 10 ou 12 mètres au-dessus du niveau de la mer.

1859

—

JANVIER

4. — Achat par la commune de la portion des terrains dits de la Voirie, la plus rapprochée de la mer, d'une superficie de 5,122 mètres carrés, par le prix de 3,329 fr., soit 65 centimes le mètre.

24. — Projet de construction d'un pont sur le torrent la Foux, pour l'ouverture sur le rivage de la mer, d'une large voie aboutissant de Cannes à la pointe de la Croisette, moyennant une souscription des propriétaires s'élevant à 6,500 fr. et une subvention de la commune destinée à parfaire le prix du devis s'élevant à 10,000 francs.

AVRIL

16. — Décès, au château Montfleury, de M. Alexis de Torqueville, membre de l'Académie française, ancien ministre.

25. — Inauguration des Régates, à Cannes, sous la présidence de M. Léopold Buquet, fondateur de la Société.

NOVEMBRE

6. — Vote par le conseil d'une somme de 400 francs, en faveur des Sœurs de Bon-Secours, établies à Cannes depuis quelques mois.

13. — L'administration locale, appelée à donner son avis sur le choix d'un terrain propre à la construction d'une église dans la basse ville, désigne les terrains de la Ferrage, appartenant aux héritiers de feu M. le comte Rostan, situés au

nord de la ville, dans la direction de la rue de la Commune, dont l'élargissement serait porté à 10 ou 12 mètres.

1860

JANVIER

19. — Le conseil municipal adhère à un projet d'arrangement qui lui est proposé pour terminer à l'amiable les contestations existantes entre l'Etat et la commune, au sujet des terrains dits de la Marine, et demande la cession tant de la partie litigieuse la plus rapprochée de la mer, que de la parcelle contiguë de 1886 mètres, dont la propriété n'a pas été contestée à l'Etat, le tout moyennant un prix égal à la valeur intégrale de ces objets.

MARS

11. — Installation de M. Barbe, comme maire de Cannes. Le conseil remercie M. Millet, démissionnaire, « pour la manière digne et honorable dont il a rempli ses fonctions administratives.

AVRIL

21. — Décret de S. M. l'Empereur qui nomme M. Legoff maire de Cannes, en remplacement de M. Barbe, démissionnaire.

MAI

3. — Installation de M. Legoff, comme maire de Cannes.

JUILLET

27. — Adresse à LL. MM. l'Empereur et l'Impératrice pour les inviter à venir visiter Cannes pendant leur séjour à Nice.

AOUT

19. — Le conseil municipal et les plus haut imposés s'opposent à la distraction de l'île Saint Honorat de la commune de Cannes, demandée par Mgr l'évêque de Fréjus.

25. — Adresse à l'Empereur, à Nice, au sujet du canal de la Siagne, et demande d'une subvention du tiers de la dépense de la canalisation fixée à 1,500,000 fr.

SEPTEMBRE

4. — Pétition à l'Empereur pour demander la concession gratuito, à titre de don, des terrains domaniaux des *Allées*, du *Châtaignié* et de la *Foux*.

NOVEMBRE

4. — Le conseil accepte avec empressement la proposition qui lui est faite par MM. Gaduel, ingénieur du chemin de fer, et Maugini, entrepreneur, de transporter sur le bord de la mer, à l'est de la ville, les déblais du chemin de fer, pour la construction du chemin de la Croisette.

1861

JANVIER

12. — Décret impérial qui nomme maire de Cannes, M. Le Goff, et adjoints MM. Rigal (fils) et J. Saissy.

22. — Installation de la nouvelle administration muni-
ci ..le.

MARS

4. — Installation du nouveau conseil composé de MM. Ri-
gal Antoine et Saissy J. B., adjoints, Borniol Auguste,
Millet, Macé Auguste, Couët, Gaduel, Escarras J. B. Einesy,
Arluc Honoré, Mounier Claude, Court, Barbe, Comte d'Or-
messon, Sève jeune, Hervieu, Perissol, Tripet, Laugier,
Jeancard, Ardisson Antoine, Autran François, fils.

Approbation du traité passé avec M. Mangini, pour l'empier-
rement de la chaussée du boulevard de la Croisette, et le revé-
tement des talus en pierres.

24. — Le conseil municipal, avec l'adjonction des plus
haut imposés, persiste à repousser la demande de Mgr de
Fréjus de séparer l'île Saint-Honorat du territoire de Cannes.

MAI

10. — Vote d'un crédit de 1000 francs pour études pré-
paratoires du projet du canal de la Siagne à Cannes.

La zone à comprendre dans le plan d'alignement de la
ville est reportée au chemin de fer, au nord; au ruisseau de
la Baume, à l'est; et à la mer au midi, « attendu le nombre
considérable de constructions nouvelles qui s'élèvent chaque
année, à l'est de Cannes. »

Demande d'exonération des dépenses du bureau télégraphique, à la charge de la commune, par la raison que depuis
la fin de l'année 1858, les recettes dépassent le montant des
dépenses.

14. — A la majorité de neuf voix contre huit qui deman-
daient que l'hôtel de ville fut construit sur le Petit-Cours, le
conseil décide qu'il sera placé sur le Grand-Cours.

16. — M. le maire est autorisé à faire dresser le plan de nivellement de la ville avec projets de modifications aux niveaux existants.

Recettes ordinaires et extraordinaires . fr. 44,657 58
Dépenses ordinaires et extraordinaires. « 39,498 09
_____

Excédant des recettes fr. 5,159 49

Le conseil décide que la future halle devra être placée au quartier du Poussiat, « point central rapproché du port, et dont la démolition aura pour résultat d'assainir la ville. »

JUILLET

19. — Les propriétés des sieurs Gillette, Roustan et Cavalier, situées sur la route de Grasse, à 1,500 mètres environ de la ville, sont choisies pour emplacement du cimetière à créer.

AOUT

16. — L'acquisition du terrain du sieur Crist, à la Foux, pour la construction d'un puits destiné à donner de l'eau à la ville, est décidée.

SEPTEMBRE

10. — Rapport imprimé de la commission chargée d'étudier les divers projets d'utilité publique, et d'indiquer les voies et moyens d'arriver à leur exécution.

OCTOBRE

13. — Séance extraordinaire du conseil municipal sous la présidence de Son Exc. le ministre de l'agriculture, du com-

merce et des travaux publics, à laquelle assistent MM. de Franqueville, conseiller d'Etat, directeur-général des ponts et chaussées et des chemins de fer, le préfet du département des Alpes-Maritimes, le sous-préfet de Grasse, les ingénieurs en chef Guillaume et Longeon, l'ingénieur d'arrondissement Lacroix.

Son Excellence le ministre, agissant d'après les ordres exprès de l'Empereur, promet, pour l'exécution du canal de la Siagne, une subvention de l'Etat du tiers de la dépense estimée à 2,000,000.

15. — MM. Guillaume, ingénieur en chef dans le Var, et Gaduel, ingénieur des ponts et chaussées, sont chargés de diriger, au nom de la commune de Cannes, le projet d'établissement du canal de la Siagne.

Vote de remerciments à MM. Fremy, conseiller d'Etat, gouverneur du crédit foncier de France, et Talabot, ingénieur en chef des ponts et chaussées, pour le puissant concours qu'ils ont prêté à la commune afin d'obtenir la prochaine exécution du canal de la Siagne.

Demande d'autorisation pour créer un bureau de bienfaisance à Cannes.

NOVEMBRE

3. — Sur le rapport de la Commission des travaux d'utilité publique, le conseil décide :

1° Construction d'un château d'eau et distribution des eaux dans la ville, au moyen d'une pompe à feu... fr. 70,000

2° Création du nouveau cimetière........... 30,000

3° Acquisition et démolition des maisons du Poussiat................................ 150,000

A reporter.......... 250,000

Report.........	250,000

4° Bâtiment pour une halle et construction d'un marché............................. **42,000**

5° Salle d'asile et crèche................. **40,000**

6° Ecole communale..................... **60,000**

7° Hôtel de ville...................... **150,000**

8° Part contributive de la commune dans les frais de construction d'une église centrale, d'acquisition des terrains et appropriation des voies d'accès............................. **150,000**

9° Abattoir **45,000**

Total des dépenses, fr. **737,000**

7. — Le conseil municipal, avec l'adjonction des plus haut imposés, vote, à la majorité de 32 voix contre 8, un emprunt de 700,000 francs pour faire face aux dépenses décidées le 3 novembre, et dit qu'il y a lieu, pour la commune, de s'imposer extraordinairement pendant dix ans, à partir de 1862, à raison de 15 centimes par franc et par an.

La même assemblée, à la majorité de 38 voix contre 2, décide qu'il y a lieu, sur la proposition du conseil de fabrique de Cannes, d'autoriser la commune à emprunter directement au crédit foncier, pour le compte de la fabrique, une somme de 57,850 fr. remboursables en cinquante années, à partir de 1862, pour la construction d'une nouvelle église et l'extinction de dettes.

17. — Nouvelle demande d'exonération pour la commune des frais de logement du bureau télégraphique.

DÉCEMBRE

18. — Vote d'un crédit de 3,000 francs pour les études du canal de la Siagne.

1862

—

JANVIER

26. — Approbation des terrains des sieurs Gillette et autres, sur la route de Grasse, pour emplacement du nouveau cimetière.

FÉVRIER

9. — Délibération pour demander au gouvernement la création d'un tribunal de commerce à Cannes.

16. — Ajournement, jusqu'à plus ample information, des projets concernant le cimetière, la démolition du Poussiat, les halles et l'abattoir, et demande d'exécution immédiate des autres travaux d'utilité publique reconnus urgents le 3 novembre 1861.

17. — Vote par le conseil municipal et les plus haut imposés, d'un emprunt de 550,000 francs pour les travaux arrêtés par l'administration locale, dans la séance de la veille.

AVRIL

10. — Legs par M. Honoré-Emmanuel Massuque, au profit de l'hospice de Cannes, d'une moitié de maison sise à Cannes, rue de la Rampe, n° 2.

AOUT

26.—Projet de construction d'un chemin carossable, partant de la rue du Pré, pour se rendre à l'église paroissiale, à travers les terrains cédés gratuitement par M. Ardisson, aîné.

SEPTEMBRE

La France Méridionale, journal-revue des Stations Hivernales des Alpes-Maritimes et des bains de mer de la Méditerranée, publie son numéro spécimen, sous la direction de M. Léopold Amat.

OCTOBRE

15. — Ouverture à la mairie d'une liste de souscription aux eaux du canal projeté de la Siagne.

NOVEMBRE

9. Vote d'un nouveau tarif d'octroi.

Vœu pour que la culture du tabac soit de nouveau autorisée sur le territoire de Cannes.

DÉCEMBRE

7. Vote d'un crédit en faveur d'un quatrième vicaire, sous la condition que tous les exercices du culte célébrés à la paroisse, le seront également à la chapelle de Notre-Dame-de-Bon-Voyage.

Vote d'une nouvelle horloge pour l'église paroissiale.

1863

JANVIER

18. — MM Rigal, banquier, et Varaldy, parfumeur, demandent à être autorisés à faire vouter à leurs frais la partie du torrent le Châtaignié traversant leurs propriétés.

MARS

1er. Vote de 80,000 francs pour la distribution dans la ville, au moyen de bornes-fontaines, des eaux provenant du puits creusé dans la propriété Crist, au quartier de la Foux.

Le conseil municipal décide que le square à établir sur les terrains de la Voirie, portera le nom de Square Brougham, « en témoignage de reconnaissance de la ville de Cannes, envers le premier étranger venu s'établir sur son rivage. »

11. — Décret impérial approuvant les tarifs et règlements de l'octroi de la commune de Cannes.

AVRIL

6 et 7. — Régates avec l'assistance des avisos à vapeur le *Favori*, le *Brandon*, le *Croiseur*, le *Rodeur* et le *Daim*.

10. — Ouverture du chemin de fer de Marseille à Nice, jusqu'à la station de Cagnes.

MAI

1er. — L'escadre d'évolution de la Méditerranée, sous les ordres du vice-amiral Rigault de Genouilly, et composée des vaisseaux le *Redoutable*, le *Castiglione*, la *Ville de Paris*, l'*Algésiras*, le *Donawerth*, l'*Alexandre*, et de la corvette à vapeur le *Caton*, mouille sur rade au Golfe-Juan.

10. — Approbation par le conseil municipal, d'une délibération de la commission administrative de l'hospice, qui demande la nomination d'un aumônier pour cet établissement.

Le conseil décide également la création d'une caisse d'épargne à Cannes, et en arrête les statuts.

- Donation à l'hospice de la ville de Cannes, par Mme veuve Massuque, de la moitié d'une maison sise à Cannes, rue de la Rampe, 2, et d'une somme de 2,000 fr.

21. — Projet de distribution d'eau à la ville, au moyen du

puits de la Foux, et vote d'une somme de 52,000 fr. pour l'exécution de ces travaux. — Les eaux doivent être élevées à la hauteur de 18 mètres. — Le conseil décide, en même temps, le jaugeage des eaux de la source de Callimaye, afin de les utiliser au besoin.

31. — Le relevé des voyageurs partis de Cannes ou arrivés, du 10 avril, jour de l'ouverture du chemin de fer, au 31 mai, donne les résultats suivants :

Voyageurs arrivés 8,685
Voyageurs partis 10,745
——————
Mouvement total 19,430

JUIN

3. — Projet présenté par M. Perdu, ingénieur civil, d'une distribution d'eau à la ville, au moyen de sources prises sur le territoire de Mougins. — Devis estimatif de la dépense : 200,000 fr.

10. L'administration de l'hospice vote l'agrandissement des bâtiments de cet établissement.

Pose de la première pierre du Grand-Hôtel de Cannes, qui mesure 70 mètres de façade et environ 2,000 mètres de superficie.

JUILLET

20. — Le conseil municipal « considérant que la ville a acquis assez d'importance pour être éclairée au gaz, » approuve le traité passé avec l'entrepreneur.

Vœu en faveur de la Construction d'une route départementale de Montauroux à la route Impériale n° 97.

AOUT

6. — Ouverture du Casino-musical, sous la direction de M. Creps-Sicard, propriétaire.

27. Vote d'un crédit de 1,500 francs pour travaux aux sources de Callimaye et de Condouron.

Avis favorable du conseil pour le classement du chemin de l'Eglise comme chemin vicinal.

30. — M. le maire est autorisé à traiter avec M. le comte Rostan et M. le curé de Cannes, pour l'acquisition des terrains dits de la Ferrage, afin d'y construire l'école communale et l'asile.

Vote d'une subvention de 10,000 francs en faveur de l'hospice, à affecter aux travaux d'agrandissement de cet établissement.

SEPTEMBRE

16. — Vote de nouveaux crédits pour les études de canalisations de sources de Callimaye et de Condouron.

OCTOBRE

18. — Approbation de la convention relative à l'acquisition des terrains destinés à la construction des écoles et de l'asile.

Rédaction de nouveaux statuts pour la caisse d'épargne.

23. — Le *Progrès de Cannes*, journal d'intérêt local, publie son premier numéro. Directeur-gérant : M. Alphonse Bareste.

Le contrôleur impose, pour 1863, 72 maisons nouvelles, et en porte 95 comme imposables en 1864.

NOVEMBRE

4. — Etablissement du premier omnibus de Cannes.

28. — Vote d'une somme de 100,000 fr. pour acquisition des terrains et construction d'une nouvelle église à l'ouest du Châtaignié.

DÉCEMBRE

9. — Approbation, pour le chemin de grande communication, n° 3, entre le Cannet et la route Impériale, du tracé de la rive gauche du torrent la Foux.

30. — Nouveau crédit de 2,000 francs pour frais d'étude de la canalisation des eaux de Callimaye et de Condouron.

1864

—

JANVIER

17. — Mise aux enchères de la partie de l'hôtel de ville à démolir, pour l'agrandissement de la rue de la Commune.

28. — Vote d'un crédit de 40,000 francs pour frais d'alimentation de la ville au moyen des eaux de la Foux.

FÉVRIER

2. — Séance extraordinaire du conseil municipal, à laquelle assistent MM. Frémy, gouverneur du Crédit Foncier de France, le sous-préfet de Grasse, et Conte Grandchamp, ingénieur en chef du département, et dans laquelle le conseil approuve le traité pour la distribution des eaux d'alimentation et d'irrigation, présenté par MM. Dussard et Sellier. — Des remerciments sont votés à MM. Frémy et Conte Grandchamp.

7. — Traité entre la ville et les sieurs Caval et Roustan

pour l'acquisition des terrains destinés au nouveau cimetière : 20,530 mètres vendus 22,000 francs.

9. — Convention entre M. Legoff, maire, et MM. Dussard et Sellier, pour la construction d'un canal dérivatif de la Siagne. D'après ce projet, le canal construit à 16 mètres environ au-dessus de la mer, avec un volume d'eau de deux mètres cubes, doit servir surtout de force motrice pour élever à 60 mètres l'eau des nappes inférieures et souterraines de la Siagne, qu'on se propose de recueillir dans un puisard à établir dans le quartier du Devens.

La dépense est évaluée à 1,200,000 francs.

13. — Approbation d'un projet de square public sur les terrains de l'ancienne Voirie, au midi de l'Abattoir.

AVRIL

4. — Régates présidées par M. le vice-amiral comte Bouët Villaumez, auxquelles assiste S. A. R. le duc de Brabant.

9. — Le *Progrès de Cannes* cesse de paraître.

14. — Des pêcheurs amarinent dans le golfe de la Napoule, et font échouer sur la plage un Rosqual ou Baleinoptère.

27. — Approbation du traité pour la canalisation des eaux du puits de la Foux, et vote d'un supplément de crédit de 20,496 francs. D'après ce projet, l'eau du puits communal de la Foux doit, au moyen d'une pompe à feu, être élevée jusqu'à la place du Suquet.

29. — Décret impérial qui nomme M. Couët adjoint au maire.

MAI

15. — Cession par la Compagnie du chemin de fer, et classement comme chemin vicinal de la voie établie au nord de la gare.

Le conseil déclare sans objet ses délibérations des 28 novembre et 30 décembre 1863, concernant l'acquisition des terrains pour la construction d'une église, et décide l'agrandissement de la chapelle de Notre-Dame, en affectant à ce travail une somme de 60,000 francs.

19. — Inauguration de la distribution provisoire des eaux, au moyen du puits de la Foux. La population est dans l'enthousiasme.

Le réservoir de la place Saint-Sauveur, construit à 25 mètres 90 centimètres au-dessus du niveau de la mer, a une capacité de 200 mètres cubes. La locomotive peut élever en dix heures 120,000 litres à ce réservoir.

AOUT

1er. — Ouverture de la caisse d'épargne et de prévoyance.

OCTOBRE

1er. Fondation du Cercle Nautique. — Ouverture du Grand Hôtel de Cannes.

DÉCEMBRE

7. — Projet de construction d'un nouvel abattoir, au quartier de la Bocca.

10. — Le conseil municipal destine le troisième étage de l'hôtel de ville pour l'usage du préfet et du sous-préfet pendant leur séjour à Cannes.

1865

—

JANVIER

10. — Etablissement de la première station de voitures à Cannes.

11. — Acceptation de l'offre faite par M. de Colquhoun, de céder gratuitement à la commune les terrains de sa propriété en façade sur le boulevard de la Croisette, dans toute leur longueur et sur une largeur de 5 mètres, afin d'agrandir la promenade.

15. — L'autorité fait placer des bancs sur les principales promenades de la ville.

28. — La *Revue de Cannes*, journal d'intérêt local, fondé et publié au profit des pauvres, fait paraître son premier numéro. M. A. Macé, propriétaire et rédacteur principal.

FÉVRIER

2. — Une partie de la ville est éclairée au gaz.

11. — Le terrain de M. Ricord, au quartier du Devens, route de Fréjus, est choisi pour emplacement de l'abattoir.

16. — M. le docteur André est autorisé, sur sa demande, à faire procéder au nivellement et à la plantation du square Brougham, avec les ressources à obtenir d'une souscription.

Pétition pour demander l'agrandissement immédiat de la chapelle de Notre-Dame-de-Bon-Voyage, et vote par suite d'une somme annuelle de 5,150 francs, pendant vingt ans, à titre de subvention pour cet agrandissement.

MARS

4. — Le nivellement et la plantation du square Brougham sont commencés.

Le conseil de fabrique vote la construction d'une nouvelle église, en remplacement de la chapelle Notre-Dame-de-Bon-Voyage.

8. — Inauguration de la chapelle de l'hôpital de Cannes, sous la présidence de Mgr l'évêque de Fréjus, assisté de NN. SS. les évêques d'Evreux et de Cérame.

18. — Arrêté préfectoral qui classe sous le n° 13 le chemin de la Californie.

AVRIL

9. — Inauguration du cercle du Commerce.

20. — Projet de convention entre le ministre de l'agriculture, du commerce et des travaux publics, M. le maire de Cannes, et M. Sellier, stipulant, au nom de la compagnie d'irrigation, constituant la concession par l'Etat, à cette Compagnie, du canal d'irrigation à dériver de la Siagne. L'Etat accorde une subvention de 500,000 francs.

21. — S. M. l'impératrice de Russie fait don au Cercle Nautique d'une coupe en argent pour les Régates.

24. Régates.

MAI

7. — La musique municipale de Cannes obtient un brillant succès au concours de Nice.

17. — Adoption des plans et devis pour la construction des écoles communales et de l'asile. La dépense est évaluée à 145,602 francs.

18. — La Société Botanique de France, en session à Nice, fait une excursion scientifique à l'île Sainte-Marguerite.

31. — Approbation, par le conseil municipal, de la délibération du conseil de fabrique, concernant l'acquisition du terrain de M. Tournaire, pour l'agrandissement de la chapelle de Notre-Dame.

JUIN

Des prisonniers arabes sont de nouveau internés dans le fort de l'île Sainte-Marguerite.

30. — MM. Rigal et Barbe Marius offrent à la commune, qui accepte, une lisière de cinq mètres tout le long de leurs propriétés, sises sur le boulevard de la Croisette, pour l'agrandissement de cette voie publique.

JUILLET

26. — Les Statuts de la *Société de l'Avenir de Cannes* sont approuvés par le préfet.

AOUT

26. — Décret Impérial qui nomme M. Méro, maire de Cannes.

SEPTEMBRE

6. — Installation de M. Méro, maire, de MM. Saissy Jean-Baptiste, et Couët Louis Prosper, adjoints, et de la nouvelle administration composée de MM. Borniol Auguste, Rouaze Honoré, Imbert Pierre, Girard Jean-Baptiste, Buttura Charles-Antoine, Escarras Honoré, Buisson Théodore-Victor, Barbe Pierre, Barthélemy, Barthélemy Joseph, Gazagnaire Pierre, Legoff Joseph-Louis, Suiffet Pierre-Bonaparte, Sève Théodore, Saissy Jean, Saissy Jean-Baptiste, Courant Louis, Segond Louis-Auguste, Caire Pierre-François, Pelletier Camille, Gras Claude.

OCTOBRE

20. — Le conseil décide l'établissement, dans le plus bref délai possible, du nouveau cimetière sur les terrains précédemment acquis.

24. — Le conseil arrête que la commune n'interviendra

pas pécuniairement dans l'agrandissement ou la transforma-
tion de la chapelle de Notre-Dame-de-Bon-Voyage.

Il approuve les emplacements précédemment choisis pour les
écoles et la salle d'asile.

NOVEMBRE

1er. — Mort à Breuil, arrondissement de Bayeux, de
M. Hervieu, ancien membre du conseil municipal de Cannes
et administrateur de la caisse d'épargne.

9. — Le brick-goëlette, la *Marie-Rose*, s'échoue sur les
recifs de la Tradilière, à l'est de l'ile Sainte-Marguerite. L'é-
quipage est sauvé.

22. — Les Statuts de la Société Agricole et Horticole de
Cannes et de l'arrondissement de Grasse sont approuvés.

30. — Séjour à Cannes de LL. AA. II. le prince Napoléon et la princesse Clotilde.

DÉCEMBRE

2. — Le bâtiment dit *la Consigne*, situé à l'extrémité
ouest du Grand-Cours, est démoli.

Bénédiction de la chapelle de Notre-Dame-des-Pins.

8. — Pose de la première pierre du couvent de la Présentation.

20. — Projet de construction d'un trottoir uniforme le
long de la rue du Port, et d'agrandissement du boulevard de
la Croisette.

23. — Projet d'un emprunt de 700,000 fr. à effectuer
par la commune, ainsi réparti :

1° Dépenses déjà votées pour le nouveau cimetière, les
écoles, la salle d'asile et l'abattoir   258,923 fr.

2° Construction d'égoûts et pavage de plu-
sieurs rues.   80,000 «

3° Promenade de la mer.   200,000 «

4° Percement et élargissement de la rue
Vassal.   150,000 «

Décret impérial qui autorise la construction de la nouvelle
église de Notre-Dame-de-Bon-Voyage.

1866

—

JANVIER

10. — Vote d'un emprunt de 700,000 francs pour l'exécution des travaux communaux.

14. — Adjudication des travaux pour la construction des écoles, de la salle d'asile et de l'abattoir.

FÉVRIER

9. — Séjour à Cannes de Mgr Dupanloup.

15. — Pose de la première pierre des bâtiments des écoles communales et de la salle d'asile par M. le préfet. La bénédiction est faite par Mgr de Cérame.

MARS

11. — Délibération qui réduit à 350,000 francs l'emprunt de 700,000 francs précédemment voté, et l'affecte aux travaux du cimetière, des écoles, de la salle d'asile, de l'abattoir, et de l'égoût collecteur.

Le conseil décide l'établissement d'une route carossable au midi de la promenade des Allées, et le déplacement par suite de la corbeille de palmiers existante.

Il arrête également l'acquisition par la commune de la zône de terrain appartenant à l'Etat, au midi de la marine.

Acceptation par la commune de l'offre faite par M. Oustinoff, de l'abandon gratuit d'une lisière de cinq mètres de large, à prendre sur toute la façade méridionale de sa propriété, le long du boulevard de la Croisette, pour son élargissement.

15. — Mort, à la villa des Roses, du général de division Yusuf.

17. — Bénédiction du nouveau cimetière.

18. — Le conseil municipal demande la suppression ou au moins le déplacement du chantier de construction des navires.

La Société de secours mutuels entre ouvriers de tous les états existant à Cannes est approuvée.

AVRIL

4. — Arrêté préfectoral qui prescrit une enquête sur l'établissement d'un canal d'irrigation à dériver de la Siagne et du Loup.

7. — Matinée musicale donnée par Mme Goldschmidt (Jenny-Lind) au profit de l'hôpital de Cannes.

Première exposition d'horticulture. — Concours d'orphéons.

8. — Concours de musiques.

9. — Grand festival et distribution des récompenses aux musiques et orphéons.

Régates. Mouillent en petite rade le vaisseau-école le *Louis XIV*, les avisos le *Dain*, la *Salamandre*, le *Favori* et le garde-côte le *Croiseur*.

10. — Séance générale pour l'horticulture. Distribution solennelle des récompenses aux exposants.

18. — Représentation théâtrale par Mme Ristori.

MAI

2. — La délibération du 10 janvier ne pouvant recevoir d'exécution immédiate, le conseil, confirmant ses décisions précédentes, vote un emprunt de 200,000 francs pour la promenade de la mer.

16. — Décret impérial qui déclare applicables à la ville de Cannes les dispositions du décret du 26 mars 1852, relatif aux rues de la ville de Paris, à l'exception des articles 1 et 7.

17 et 18. — La commission d'enquête pour le canal d'irrigation de la Siagne se constitue à la préfecture de Nice, sous la présidence de M. le colonel Gazan ; M. Macé est nommé secrétaire. — Elle reconnait l'utilité publique du projet de dérivation simultanée de la Siagne et du Loup, proposé par la compagnie Sellier.

19. — Légères secousses de tremblement de terre.

24. — La commission pour l'enquête sur le projet d'un canal d'irrigation, à dériver de la Siagne et du Loup, approuve le rapport de son secrétaire et en vote l'impression.

JUIN

1er. — Les Statuts de la Société de secours mutuels établie à Cannes sont approuvés.

2. — Le conseil municipal renouvelle le vote d'un emprunt de 150,000 francs pour l'élargissement et le percement de la rue Vassal.

13. — Le conseil vote des remerciments à M. Lubonis, député de Nice, à l'occasion de son rapport relatif à la demande de l'emprunt de 350,000 francs voté par le Corps Législatif.

16. — Décret Impérial qui nomme M. le docteur Buttura, adjoint au maire.

17. — Le conseil municipal décide que les terrains dits

de l'Abattoir ne seront pas vendus, et compléteront le square Brougham.

Projet d'un égoût collecteur pour assainir la ville, en longeant, dans tout son parcours, la route Impériale n° 97, et allant se rendre à la mer.

Adoption du pavage, en pierres de la Spezzia, pour la rue Grande et plusieurs rues adjacentes.

Nomination d'une commission pour défendre à Paris le projet de canalisation de la Siagne.

31. — L'escadre de la Méditerranée, commandée par le vice-amiral de Gueydon, mouille au Golfe-Juan.

JUILLET

25. — La Société Agricole et Horticole de Cannes, réunie en assemblée extraordinaire, adopte le rapport de M. Macé, son secrétaire général, concernant la canalisation de la Siagne, et en vote l'impression.

AOUT

10. — D'après le recensement, la population de la ville de Cannes est de 9,618 habitants.

22. — Décret Impérial qui nomme M. Borniol, ex-notaire, président de la Société de prévoyance et de secours mutuels.

23. — Décret Impérial qui déclare d'utilité publique les travaux du canal de la Siagne et du Loup, et en concède l'exécution à la compagnie anglaise *General Irrigation and Water supply compagny of France limited*, représentée par MM. Dussard, Sellier et Maschall.

23. — Le conseil renouvelle sa demande d'institution d'un tribunal de commerce à Cannes.

27. — Le décret de concession du canal de la Siagne est

publié à son de trompe dans la ville, et la population l'accueille avec de grandes marques de satisfaction.

SEPTEMBRE

9. — Mort de M. le docteur Sève, médecin de l'hospice de Cannes, des épidémies de l'arrondissement de Grasse, de l'hygiène et de la salubrité publique, de la douane, etc.

22. — Le conseil municipal adopte les dénominations suivantes pour les rues nouvelles jusqu'à ce jour innommées, ou mal désignées :

Boulevard du Midi, depuis le quai Saint-Pierre jusqu'à la route de Fréjus, designé antérieurement sous le nom de Boulevard Malakoff.

Boulevard de l'Impératrice, longeant la mer à l'Est, depuis l'hôtel des Princes ou les Allées de la marine, jusqu'à la villa Marina, désigné précédemment sous le nom de Boulevard de la Croisette.

Boulevard Frémy, formant la jonction de la route de Fréjus à celle de Grasse.

Boulevard Gavini, depuis la route de Grasse au pont sur rails, jusqu'au passage à niveau de la route d'Antibes.

Boulevard Pihoret, au midi de la voie ferrée depuis l'ancienne route du Cannet jusqu'à la Fous.

Rue de la Gare des Voyageurs, depuis la rue d'Antibes jusqu'à la Gare.

Rue Sainte-Marguerite, parallèle à la rue St-Nicolas.

Rue de la Gare des Marchandises, de la rue d'Antibes jusqu'à l'entrée de la gare des marchandises.

Rue des Capucins, parallèle au boulevard Pihoret et à la rue d'Antibes.

Rue du Passage à Niveau, de la rue d'Antibes au passage à niveau après la gare, désignée rue Chabaud.

Rue Rostan, de la rue d'Antibes au boulevard de l'Impératrice, désignée précédemment sous le nom de rue Gonnet.

Impasse Legoff, de la rue Rostan au mur de clôture des jardins du Grand-Hôtel.

Rue Macé, de la route d'Antibes, Grand Hôtel de Genève, au boulevard de l'Impératrice.

Place Massuque, entre le quai Saint-Pierre et la rue de la Rampe.

Passage Woolfield, de la route de Fréjus à la mer, en longeant le vallon Provençal.

OCTOBRE

15. — Bénédiction par M. le curé de Cannes de al salle d'asile et de la nouvelle école communale des filles. Ouverture immédiate de ces deux établissements.

18. — Cession gratuite à la commune, par M. et Mme Einesy, et acceptation par le conseil municipal qui leur vote des remerciments, des allées et avenues établies dans leur propriété, pour servir de communication entre la route Impériale n° 97, et le boulevard de l'Impératrice.

Le conseil désigne pour emplacement au chantier de construction des bateaux, le terrain à l'est du Châtaignié.

22. — Ouverture de la nouvelle école communale des garçons, sous la direction des membres de la Société de Marie.

NOVEMBRE

1er. — L'escadre de la Méditerranée mouille au Golfe-Juan.

15. — La commission départementale pour l'enquête agricole tient séance à l'hôtel de ville, sous la présidence de M. Chassaigne Goyon, conseiller d'Etat.

19. — Un établissement d'instruction secondaire, sous la

direction des membres de l'Institution de Sainte Marie, est ouvert à Cannes.

DÉCEMBRE

1er. — La municipalité fait placer aux entrées des rues, des plaques indiquant leur nom, et des numéros sur la façade des maisons.

1867

JANVIER

4. — *Les Echos de Cannes*, journal de la station hivernale, publient leur premier numéro. Directeur-gérant M. le docteur Segond.

14. — Décès, à 5 heures du matin, dans la petite villa des Anges, de M. Victor Cousin, membre de l'Académie française, ancien pair de France, et ancien ministre de l'instruction publique.

FÉVRIER

15. — *Les Echos de Cannes* cessent de paraître.

18. — L'assemblée générale des actionnaires du Cercle Nautique décide l'agrandissement de cet établissement, et vote une somme de 70,000 francs pour faire face aux dépenses.

20. — Concert donné par Carlotta Patti, Vieuxtemps, Batta et autres artistes.

MARS

4. — Le conseil délibère qu'il sera contracté, par la ville

de Cannes, au crédit foncier de France, un ou plusieurs emprunts successifs, jusqu'à concurrence de 6,000,000 de fr. pour le compte de la Compagnie d'irrigation, conformément au décret de concession en date du 25 août 1866.

Pétition pour demander que le marché aux bestiaux établi provisoirement au quartier de la Brague, soit transféré sur le territoire de Cannes.

11. — Vœu pour la création d'un dépôt de mendicité dans le département.

25. — Bénédiction, par Mgr l'évêque de Fréjus et Toulon, du nouveau couvent de la Présentation.

29. — Projet de fondation d'un orphelinat de jeunes filles, à Notre-Dame-des-Pins, sous le patronage des Dames de la ville et de la colonie étrangère.

AVRIL

10. — Régates sous la direction de M. Victor Béchard.

11. — Premières courses de chevaux à Cannes, sur l'hippodrome de la Roubine, dues à l'initiative de M. le duc de Vallombrosa.

20. — Ouverture d'un dispensaire à l'hospice, pour consultations gratuites et distribution de médicaments aux indigents. — Ce philantropique établissement est fondé par M. Frère.

Le chœur de la chapelle de l'hôpital est orné de vitraux donnés par M. le duc de Vallombrosa.

28. Le conseil de fabrique de Cannes demande au gouvernement une subvention pour l'agrandissement de la chapelle de Notre-Dame.

JUIN

11. — Adresse du conseil municipal à LL. MM. l'Empe-

reur des Français et l'Empereur de Russie, pour les féliciter d'avoir échappé à l'attentat du 6 juin.

Le conseil vote un crédit de 15,000 fr. pour acquisition de deux fontaines monumentales, à placer aux deux extrémités des Allées.

21. — Le Corps Législatif approuve le projet de loi qui autorise la ville de Cannes à contracter un emprunt de 350 mille francs, pour l'établissement de la promenade de la mer et l'élargissement de la rue Vassal.

JUILLET

13 et 14. — Elections partielles pour le conseil municipal. Sont nommés : MM. Isnard Hubert, Mathieu Philippe, Fauche Jean-Baptiste, Allieis, François Emmanuel, Roustan Aimé et Escarras Claude.

21. — La musique de Cannes rentre de Paris, où elle a remporté le premier prix d'harmonie (médaille d'or) au concours de l'Exposition universelle.

29. — Le ministre de la marine donne son adhésion à la demande formée par la ville de Cannes, de la concession des terrains domaniaux dits *de la marine*, situés sur le bord de la mer.

31. — Le conseil municipal approuve le projet de joindre à l'exposition horticole de 1868, une exposition de tous les produits naturels du pays, afin de fonder un musée régional.

AOUT

2. — Le conseil délibère de faire connaître officiellement à MM. Gavini, préfet des Alpes-Maritimes, Frémy, gouverneur du crédit foncier, Pihoret, ex-sous-préfet de Grasse, et A. Macé, ex-conseiller municipal à Cannes, « qu'en reconnaissance des bonnes dispositions dont ils ont toujours été

animés pour la ville de Cannes, et de ce qu'ils ont fait et continuent de faire pour sa prospérité, le conseil, dans sa séance du 22 septembre 1866, a décidé de donner leurs noms à des rues ou boulevards de la ville. »

11. — M. Méro, maire de Cannes, est élu membre du conseil général, pour le canton de Cannes, par 1917 suffrages sur 1923 votants. — M. F. Rigal, est élu membre du conseil d'arrondissement par 1890 voix sur 1923 votants.

13. — S. A. I. le prince Napoléon séjourne à Cannes.

SEPTEMBRE

23. — Approbation des plans et devis de la promenade du bord de la mer.

Approbation des travaux d'endiguement du ruisseau le Riou, au square Brougham.

NOVEMBRE

3. — Adjudication des travaux d'élargissement du chemin vicinal de la mer, sur la mise à prix de 200,000 fr.

6. — La tartane italienne Traïana, ayant à son bord sept hommes d'équipage, est jetée sur les récifs de la Tradilière, où elle sombre. Cinq hommes seulement peuvent être sauvés.

Nomination d'une commission chargée d'organiser le concours de 1868, pour la création d'un musée régional et d'une bibliothèque publique.

DÉCEMBRE

6. — La *Revue de Cannes* devient journal politique.

10. La Compagnie du chemin de fer Paris-Lyon-Méditerranée, délivre des billets d'aller et retour entre Cannes et Nice, sans réduction de prix.

20. — L'archiduc Louis-Victor, frère de S. M. l'Empereur d'Autriche, séjourne à Cannes.

28. — Pétition des habitants, au ministre de la marine, demandant la concession de terrains nécessaires à l'établissement, au midi des allées, d'une route servant de prolongement au boulevard de l'Impératrice.

29. — Le comité du Cercle Nautique vote l'agrandissement de cet établissement.

1868

—

JANVIER

19. — Mort, en sa villa, de M. le duc Des Cars, général de division, pair de France, grand officier de la légion d'honneur.

30. — Assemblée de notables propriétaires de Cannes, pour choisir un local, et trouver les moyens de construire, le plus tôt possible, une salle de spectacle.

31. — Création de la Société des Sciences naturelles, des Lettres et des Beaux-Arts de Cannes et de l'arrondissement de Grasse.

FÉVRIER

12. — Décret impérial qui autorise la concession, au profit de la ville de Cannes, de lais de la mer faisant partie des terrains dits de la marine, d'une contenance de 7,588 mètres carrés pour le prix de 15,177 fr. 44. cent.

Approbation du projet de construction d'un pont sur le

ruisseau le Châtaignié, au centre de la rue Bivouac-Napoléon.

Vote par la commune d'un crédit de 1,500 francs pour l'exposition et le concours de musique.

13. — Sermon de charité pour la construction de Notre-Dame-de-Bon-Voyage, prêché par Mgr Bauër.

22. — Appropriation, en promenade publique, de la propriété de M. Fontmichel, à l'extrémité du champ des Courses.

24. — Les travaux pour le square, au centre des Allées, sont commencés sous la direction de la Société horticole, et d'après les plans de M. V. Petit.

MARS

14. — Grand concert au profit de l'hospice de Cannes.

15. — Deux fontaines monumentales sont placées aux extrémités Est et Ouest du Grand Cours, et un vaste bassin est construit dans le square des Allées.

20, 21, 22, 23, 24 et 25. — Exposition d'horticulture et d'objets d'histoire naturelle. — Grand concours de musiques. — Régates. — Courses de chevaux.

24. — Par arrêté préfectoral, l'association organisée, sous la dénomination de Société des Sciences Naturelles, des Lettres et des Beaux-Arts de Cannes et de l'arrondissemet de Grasse, par M. A. Macé, est autorisée.

30. — Le conseil municipal vote un crédit de 5,000 francs pour les fêtes d'inauguration du Canal de la Siagne.

AVRIL

8. — Fondation de l'orphelinat de Notre-Dame-du-Sacré-Cœur, sous le patronage des dames de la ville et des dames étrangères.

18. — Le jardin créé au centre du Grand Cours, est entouré d'une grille en fer.

23. — Les eaux de la Siagne sont conduites, pour la première fois, dans les bassins de la ville.

MAI

7. — Décès, à onze heures du soir, dans son Château Eléonore-Louise, de lord Brougham, ex-chancelier d'Angleterre, membre correspondant de l'Institut.

10. — Obsèques de lord Brougham, au milieu d'une affluence nombreuse d'habitants et d'étrangers.

Le conseil municipal délibère de concéder à perpétuité, une place d'honneur, dans le cimetière de Cannes, pour y élever un monument destiné à recevoir les dépouilles mortelles de lord Brougham.

20. — Par décret Impérial, M. Machemin est nommé juge de paix du canton de Cannes.

24. — Les dépouilles mortelles de lord Brougham sont transférées, du temple protestant, dans le cimetère de la ville, dans le terrain concédé à perpétuité par la commune.

25. — L'œuvre du zèle pour le patronage des jeunes filles du peuple s'établit à Cannes.

JUIN

14. — Le square du Grand Cours, entièrement planté, est livré au public.

19. — Le conseil émet le vœu de l'établissement d'une station du chemin de fer à la Napoule.

Vœu émis par le conseil municipal pour la construction, à la pointe du ruisseau le Châtaignié, d'une contre-jetée destinée à préserver le port contre l'envahissement des sables et à protéger les bateaux à l'encre.

JUILLET

4. — Adjudication des travaux de construction de l'égoût collecteur, sur la mise à prix de 76,700 fr.

9. — Les bornes-fontaines de la ville sont, pour la première fois, alimentées par l'eau de la Siagne.

15. — Une agence consulaire de la Confédération de l'Allemagne du Nord est établie à Cannes.

25. — Les travaux de la promenade du bord de la mer sont commencés.

AOUT

5. — Les travaux du grand égoût collecteur sont entrepris sur plusieurs points. La conduite a son point de départ au pont de la Foux, et se termine dans la jetée du port à une faible distance du Phare; sa longueur est de 1315 mètres; sa largeur, au radier, est de 0"50; sa largeur aux naissances est de 0"90, et sa hauteur varie, suivant le sol, entre 0"90 et 1"50.

16. — Fête d'inauguraton du canal de la Siagne, en présence de cinq à six mille personnes de Cannes et des communes environnantes. Le soir, un banquet de cent couverts est offert par la ville. L'enthousiasme est extrême dans la population.

17. — Fête nautique, illumination et réjouissances publiques à l'occasion de l'inauguration du canal de la Siagne.

SEPTEMBRE

7. — M. le comte de Sartiges, ex-ambassadeur à Rome, s'arrête à Cannes.

OCTOBRE

5. — Etablissement, sur la partie sud de la route de Fréjus,

20. — L'archiduc Louis-Victor, frère de S. M. l'Empereur d'Autriche, séjourne à Cannes.

28. — Pétition des habitants, au ministre de la marine, demandant la concession de terrains nécessaires à l'établissement, au midi des allées, d'une route servant de prolongement au boulevard de l'Impératrice.

29. — Le comité du Cercle Nautique vote l'agrandissement de cet établissement.

1868

JANVIER

19. — Mort, en sa villa, de M. le duc Des Cars, général de division, pair de France, grand officier de la légion d'honneur.

30. — Assemblée de notables propriétaires de Cannes, pour choisir un local, et trouver les moyens de construire, le plus tôt possible, une salle de spectacle.

31. — Création de la Société des Sciences naturelles, des Lettres et des Beaux-Arts de Cannes et de l'arrondissement de Grasse.

FÉVRIER

12. — Décret impérial qui autorise la concession, au profit de la ville de Cannes, de lais de la mer faisant partie des terrains dits de la marine, d'une contenance de 7,588 mètres carrés pour le prix de 15,177 fr. 44. cent.

Approbation du projet de construction d'un pont sur le

1869

—

JANVIER

La route au midi des Allées, de la place du chantier au quai Saint Pierre, est macadamisée.

FÉVRIER

2. — M. de Saulcy, sénateur, membre de l'Institut, préside la séance de la Société des Sciences naturelles et historiques, des Lettres et des Beaux-Arts de Cannes.

12. — Confirmant sa délibération du 22 août 1868, le conseil municipal vote un crédit annuel de 7,500 francs pour faire face à l'intérêt et à l'amortissement d'un capital de 150,000 francs, nécessaire à la réédification du collége Stanislas.

25. — Concert au profit de l'établissement projeté de l'Asile des Vieillards sous la direction des Petites Sœurs des Pauvres, et de l'hospice de Cannes.

MARS

5. — Séjour à Cannes de S. A. R. le prince de Prusse.

7. — Grande cavalcade au profit des pauvres de Cannes.

15. — Le musée régional et la bibliothèque de la Société des Sciences naturelles et historiques, sont ouverts au public.

29. Régates de Cannes.

AVRIL

3. — Courses de chevaux sous la présidence de M. le duc de Vallombrosa.

16. — L'escadre de la Méditerranée mouille au Golfe-Juan.

19. — Le yacht *le Jérôme-Napoléon*, ayant à son bord le prince Napoléon, ancre dans le port de Cannes.

20. — La musique de Cannes, dirigée par M. Brick, rentre à Cannes, de retour d'Aix, où elle a remporté le 1er prix au concours régional.

MAI

23 et 24. — Élections au Corps législatif.

M. Massena, duc de Rivoli, est élu député par 12,820 suffrages contre 7,810 donnés à M. Méro. A Cannes, M. Méro obtient 1610 voix, et M. de Rivoli 278. Démonstration populaire, à la suite du dépouillement, en faveur de M. Méro.

Depuis le commencement de l'année, cette élection a donné lieu à une polémique des plus ardentes entre les deux journaux de la localité.

25. — Scènes regrettables de violence et rixe, à l'ouverture du marché, entre des habitants de Cannes et des marchandes maraîchères d'Antibes, à propos des élections de la veille.

JUIN

10. Incendie d'une partie des bâtiments de la Verrerie, situés à la Bocca.

JUILLET

19. — Revenant sur une précédente délibération, le conseil municipal demande que la chantier de construction des navires soit maintenu sur son emplacement.

M. Hermann est autorisé à déplacer, à ses frais, le lit du ruisseau la Foux entre la route Impériale et la mer. Le ruisseau sera retreci et passera en dessous d'une rue de 10 mètres, à construire par M. Hermann.

Projet de construction de trois lavoirs publics ; un à la Foux, un second au Poussiat, et un troisième sur le vallon du Riou.

Projet de pose de bouches hydrauliques en fonte, le long de l'égoût collecteur.

AOUT

7 et 8. — Manifestations populaires très sympatiques à l'égard de M. Méro, maire, à l'occasion de la fête de Saint Donat, son patron.

7. — Décret Impérial qui nomme M. Suiffet adjoint au maire de Cannes.

Le crédit foncier d'Angleterre est mis au lieu et place, aux droits et obligations de la Compagnie Dussard et Sellier, relativement au canal de la Siagne.

SEPTEMBRE

2. — Capture entre la pointe de la Croisette et l'île Sainte-Marguerite d'un squale mesurant trois mètres de longueur.

4. — Fête à la Croisette.

5. — Le conseil demande qu'il soit pris, par l'autorité supérieure des mesures immédiates pour l'appropriation du boulevard de la Croisette, et déclare qu'il se verrait, à regret, dans l'obligation de se démettre de ses fonctions, s'il n'était pas de suite apporté remède à un état de choses si préjudiciable pour l'intérêt de la ville, ne voulant pas assumer la responsabilité de pareils faits.

Il propose encore à l'autorité d'approuver la proposition faite par M. Guichard, de terminer immédiatement l'élargissement du pont du Châtaignié sur la même promenade du bord de la mer.

OCTOBRE

10. — Une brigade de gendarmerie à pied est installée dans le quartier du Mont-Chevalier.

20. — S. A. R. la princesse de Prusse, voyageant sous le nom de comtesse de Lyngen, accompagnée de ses enfants et de M⁰ᵉ la princesse de Hesse-Darmstadt, se fixe à Cannes pour y passer l'hiver.

30. — Les opérations du jury d'expropriation pour le percement de la rue Vassal sont terminées. L'estimation des experts avait porté la valeur des immeubles à 118,700 francs, les sommes allouées par le jury, s'élèvent à 279,400 francs.

NOVEMBRE

6. — Inauguration d'une nouvelle église protestante du rite anglican, Saint Paul's-Church, boulevard du Cannet.

12. — Séance très orageuse du conseil municipal, par suite d'une protestation de plusieurs membres demandant l'annulation des délibérations prises dans la session d'août parce qu'ils n'auraient pas été convoqués. D'autres membres affirment et prouvent au contraire que ces convocations ont été faites. A la suite de ce débat, onze membres sur quinze se retirent protestant, à leur tour, contre l'irrégularité de leurs collègues à se rendre aux séances.

DÉCEMBRE

1ᵉʳ. — Bénédiction par M. Monier, vicaire général de Fréjus, délégué par Mgr l'évêque, de l'asile des Vieillards, sous la direction des Petites Sœurs des Pauvres. Sœur Luce première supérieure.

Les derniers jours du mois sont remarquables par une température d'une sévérité anormale. On constate, dans les endroits les plus froids, jusqu'à 7° au-dessous de zéro. Il faut remonter à l'année 1849, d'après les annales météorologiques, pour rencontrer à un abaissement de température aussi considérable.

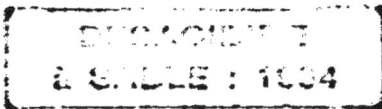

ERRATA

Page 151, ÉPHÉMÉRIDES CANNOISES, 4ᵐᵉ ligne, au lieu de 1050-1870, *lisez* : 1850-1870.